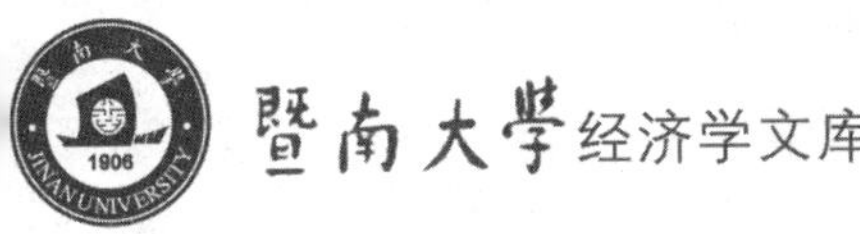

本书得到国家自然科学基金（71273116、71203077）、广东省自然科学基金（9451009001002715）、中央高校基本科研业务费专项资金（暨南跨越计划：12JNKY001；暨南远航计划：12JNYH002；暨南启明星计划：15JNQM001）、广东省哲学社会科学"十二五"规划青年项目（GD11YYJ10）资助。

中国摩托车行业发展研究

Research of Development of China's Motorcycle Industry

周泳宏 著

经济管理出版社
ECONOMY & MANAGEMENT PUBLISHING HOUSE

图书在版编目（CIP）数据

中国摩托车行业发展研究/周泳宏著．—北京：经济管理出版社，2016.3
ISBN 978－7－5096－4232－0

Ⅰ.①中… Ⅱ.①周… Ⅲ.①摩托车—制造工业—工业发展—研究—中国 Ⅳ.①F426.472

中国版本图书馆 CIP 数据核字（2016）第 022666 号

组稿编辑：杨雅琳
责任编辑：杨雅琳
责任印制：黄章平
责任校对：超　凡

出版发行：经济管理出版社
（北京市海淀区北蜂窝 8 号中雅大厦 A 座 11 层　100038）
网　　址：www.E－mp.com.cn
电　　话：（010）51915602
印　　刷：北京晨旭印刷厂
经　　销：新华书店
开　　本：720mm×1000mm/16
印　　张：9
字　　数：167 千字
版　　次：2016 年 4 月第 1 版　　2016 年 4 月第 1 次印刷
书　　号：ISBN 978－7－5096－4232－0
定　　价：48.00 元

序

2015 年 6 月 15 日，接到周泳宏同学从美国发来的邀请，给他的新书作序，暗喜，爽快答应。最初与周同学合作，是大学二年级，我们为学院编排当时最时尚的“劲舞”，参加学校的艺术节。他是团队核心人物，我跟班。没想到一个对舞干迈克尔·杰克逊崇拜至极的“不务正业者”，一个擅长唱粤语的校园“十佳歌手”，今天竟成了满腹经纶的教授，桃李满天下，竟然还以访问学者的身份“修炼”归来。

暗喜原因有二，一是见到周同学对一个领域的研究终于取得了阶段性的成果，为他那份孜孜不倦的坚持感到欣慰，曰“喜”。为什么是“暗”呢？因为几年来我偶尔配合周同学做研究，自私的心理作祟，期望有些成果，满足一下虚荣心。二是这份成果从学术上填补了国内摩托车行业研究的空白，对行业发展、企业决策有着重要的参考意义。本人自大学毕业至今一直从事摩托车行业的工作，经历了合资、国有和改制后的民营三种企业性质下摩托车企业的经营，应该说对行业是不陌生的。

国内学术界对摩托车制造行业的研究不少，但有深度、有价值的却不多见，像周同学这样持续六七年研究一个行业的学者可谓凤毛麟角。

既然是作序，总得对这本书说上几点。通读全书后，感觉有三：

第一，从学术的视角把一个传统的制造业看透。早早收到大洋彼岸发过来的初稿，迫不及待地读完，然而读后第一感觉是：看不懂。多年沉浸于企业经营领域，更多地关注企业本身，所以一下子很难从这样一个高度去俯视全局。还好，周同学的分析可谓是深入浅出，研究方法和视角体现了科研工作者特有的学术水平，把行业内的本质讲明了、说透了。

第二，集聚分析把摩托车行业剖析得更加彻底。不同行业需要有不同的研究方法，即使是公认的科学方法也并非放之四海而皆准。在这个研究中，集聚分析取法有道，把摩托车行业三大板块的情况和龙头企业非常精准地分析到位，读后不禁为其叫好。

第三，研究对行业的发展和企业经营具有重要参考意义。无论是对出口市场、钢材价格的波动，还是对极具争议的禁摩，周同学的分析可谓视角独特，把行业管理的宏观和企业经营的微观有机地结合起来。这有点像个老中医，如果没有深入的思考不可能给行业“把脉”，如果没有刻苦的钻研精神更是无法找准企业的“穴位”。周同学做到了。

总之，这是一本不可多得的好书。

不信，你自己看看。

是为序。

陈金华

乙未年中秋于羊城海珠湖畔

前　言

我国是摩托车生产和出口大国。摩托车作为一种休闲娱乐、代步与运输兼顾的产品，具有相对价格便宜、使用方便、维护成本低等众多优势。对于我国这样一个人口众多、居民收入较低的发展中国家，摩托车行业的发展在经济、民生等方面都具有重要的意义。若干年前，随着温饱问题的解决，摩托车逐步走进居民的家庭。经过多年的发展，我国的摩托车行业地理布局已经形成三大板块、两大集聚的格局：广东、重庆、江浙（即江苏与浙江）板块；珠江三角洲（以下简称珠三角）和重庆集聚。然而，到目前为止，国内尚无针对该行业的较为深入的定量分析研究，使得相关人士缺乏进一步学习和了解的资料。本书欲在此做一定的尝试。

本书中涉及的摩托车行业数据主要来自《中国汽车工业协会（摩托车部分）产销快讯》（以下简称《快讯》），其他宏观经济数据来自国家统计局网站及《中国统计年鉴》等。本书所指摩托车行业包括《快讯》里所有参与报数企业，其业务包括摩托车整车的制造、组装和销售等。

本书主要部分的安排如下：第一章为摩托车行业发展总体分析，介绍了摩托车行业的总体发展情况，内容包括全国总量概括、三大板块和两大集聚的比较分析以及企业之间的差异分析等；第二章为龙头企业的作用分析，基于两大集聚，分析集聚内龙头企业对其他企业的影响，包括龙头企业的挖掘、基于规模拉动和效益促进的龙头企业影响作用分析；第三章为“摩托车下乡”的影响分析，分析“摩托车下乡”对该行业销售量的影响，包括平均定价、企业规模和出口比重存在差异的企业在“摩托车下乡”中的不同表现的比较研究；第四章为摩托车行业发展的其他问题，包括钢材价格对摩托车利润的影响、信息化条件下摩托车企业公司治理问题、关于“禁摩”的讨论以及摩托车行业的未来发展等；第五章为总结与展望。

目　录

第一章　摩托车行业发展总体分析 …… 1

本章摘要 …… 1
第一节　总体概况 …… 2
第二节　板块分析 …… 4
第三节　集聚分析 …… 7
第四节　企业差异分析 …… 11

第二章　龙头企业的作用分析 …… 16

本章摘要 …… 16
第一节　导言 …… 17
第二节　相关文献 …… 18
第三节　珠三角集聚龙头企业分析 …… 20
第四节　重庆集聚龙头企业分析 …… 25

第三章　“摩托车下乡”的影响分析 …… 34

本章摘要 …… 34
第一节　导言 …… 35
第二节　相关文献 …… 36
第三节　研究方法与数据 …… 37
第四节　平均定价差异的影响 …… 40
第五节　企业规模差异的影响 …… 42
第六节　出口比重差异的影响 …… 44
第七节　稳健性检验 …… 45

第四章　摩托车行业发展的其他问题 …… 52

本章摘要 …… 52
第一节　钢材价格的影响 …… 53
第二节　信息化与公司治理 …… 56
第三节　关于“禁摩”的讨论 …… 60
第四节　摩托车行业的发展趋势 …… 63

第五章　总结与展望 …… 67

附录 …… 71

附录1　摩托车企业名录 …… 71
附录2　板块对比 …… 76
附录3　企业差异分析的补充图 …… 80
附录4　集聚区域主要企业指标对比 …… 81
附录5　“摩托车下乡”影响的回归结果 …… 86
附录6　“摩托车下乡”影响的Placebo检验 …… 92
附录7　钢材价格指数与每车利润关系 …… 113
附录8　钢材价格对每车利润影响的稳健性检验 …… 120
附录9　中国台湾地区摩托车拥有量分析 …… 128

参考文献 …… 129

后记 …… 134

第一章　摩托车行业发展总体分析

本章摘要

摩托车行业在我国制造业发展和出口中占有重要的地位。本章主要从行业整体的角度对我国摩托车行业2008~2012年的发展进行了描述和分析，包括摩托车行业的总体回顾、地理分布和产业集聚格局、企业层面的发展差异等。主要结论如下：

1. 随着我国城镇和农村居民收入的增加，我国摩托车行业近年来保持稳定的发展，虽然“禁摩”影响了摩托车在城镇市场的销售，但摩托车仍然受到农村消费者的喜爱。

2. 我国的摩托车行业中的三大板块地理布局特色十分显著。广东板块在销售数量、营业收入、出口数量、利润等各个指标上基本处于领先地位，其次是重庆板块，江浙地区在各个指标中保持在第三的位置。

3. 凭借良好的经济和工业基础，我国摩托车行业的发展形成珠三角和重庆两大集聚区。其中，珠三角摩托车行业的销售数量总额和营业收入总额占全国的2~3成，利润占全国的2~4成。同时，珠三角地区摩托车行业的营业收入占本地区规模以上工业企业营业收入的比重高于全国平均水平的1.24~1.56倍，利润则在2007~2009年高出全国平均水平3倍以上，在2010~2012年高于全国平均水平的1.48~1.82倍。重庆在这三个指标上在全国占据的比重均达到40%左右，高于珠三角集聚区。并且，重庆地区的工业对于摩托车行业的依赖程度非常高。

4. 在企业差异方面，企业间在销售数量方面的差异并没有随时间而发生太大变化，企业间利润的差异则有缩小的趋势，本书也没有找到企业间效益趋同的证据。

第一节　总体概况

中国经济的发展和城乡居民收入的增加，使得我国摩托车行业发展获得了难得的历史机遇，多年来保持迅猛的发展势头。随着城镇居民首先解决了温饱问题，摩托车受到广大消费者的青睐，逐渐培育起来的消费市场使得摩托车制造和销售行业在20世纪90年代开始蓬勃发展。在首先富起来的珠三角，20世纪90年代流传着这样的通俗说法，“搏一搏，单车变摩托”。可见，摩托车成为当时城镇居民耐用消费品购买的重要关注目标，甚至成为时尚的导向。“大长江”、“五羊—本田”、“嘉陵”等一大批摩托车品牌也逐步成长起来。虽然接下来，各大城市“禁摩”令（即禁止或限制摩托车登记上牌）的陆续出台使得城市摩托车的需求遭到抑制，但同时农村居民收入的增加以及其用于一般交通和货物运输的需要，使得农村摩托车消费市场蓬勃发展。另外，出口市场的不断拓展也部分弥补了“禁摩”引起的市场萎缩，使我国摩托车行业继续保持稳定的发展。

图1－1至图1－4为我国2007～2012年摩托车行业发展总体情况。2007～2012年，销售数量保持在2262万～2752万辆（见图1－1），营业收入保持在1022亿～1262亿元（见图1－2），利润总额保持在26亿～40亿元（见图1－3），出口数量保持在620万～1048万辆（见图1－4）。

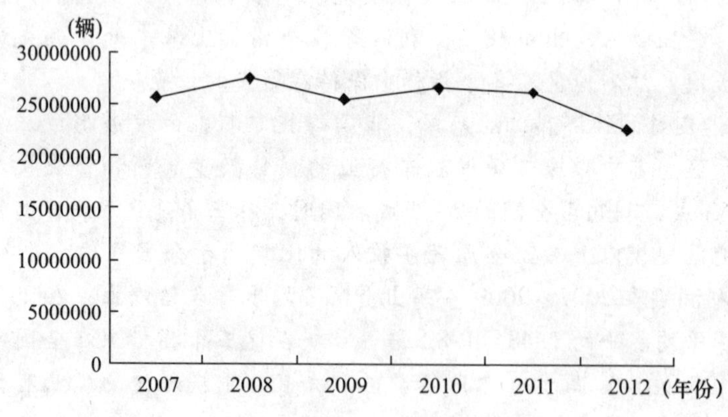

图1－1　2007～2012年摩托车企业销售数量

资料来源：《中国汽车工业协会（摩托车部分）产销快讯》。

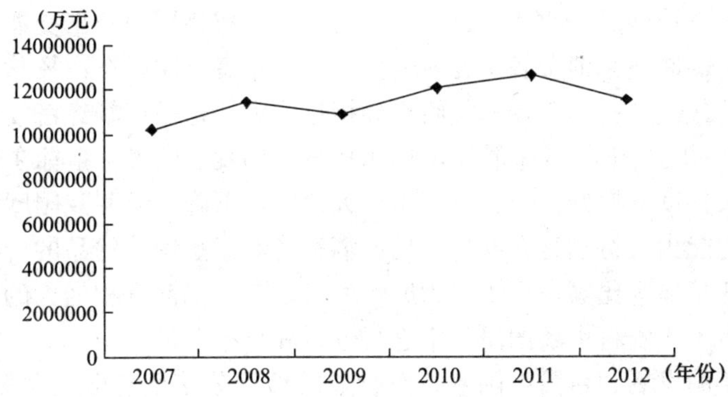

图1－2　2007～2012年摩托车企业营业收入

资料来源：《中国汽车工业协会（摩托车部分）产销快讯》。

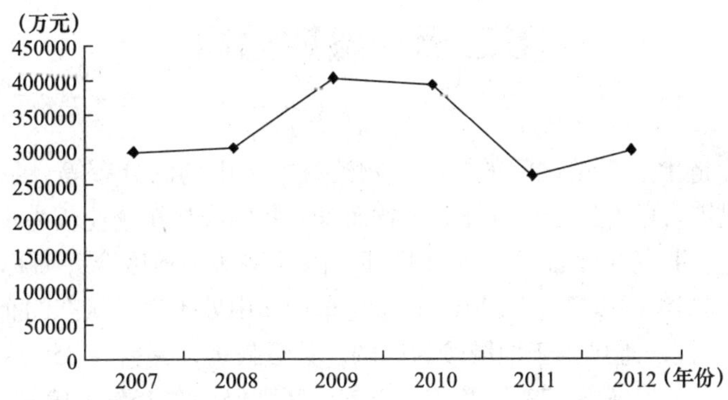

图1－3　2007～2012年摩托车企业利润

资料来源：《中国汽车工业协会（摩托车部分）产销快讯》。

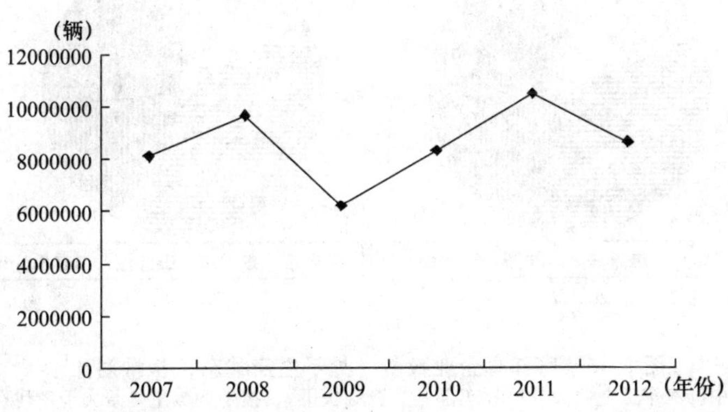

图1－4　2007～2012年摩托车企业出口数量

数据来源：《中国汽车工业协会（摩托车部分）产销快讯》。

当然，随着我国居民收入的进一步提高，汽车成为居民外出交通工具的新选择。许多原本的摩托车消费者由此转变为汽车消费者，摩托车市场从而被家庭轿车市场部分替代。摩托车市场的供给逐步接近饱和，这是市场经济发展的一般规律。但由图 1 – 1 至图 1 – 4 来看，虽然摩托车市场发展的各个指标在 2007 ~ 2012 年没有出现大幅度的提升，但也没有出现大幅度的下降，说明我国摩托车市场尚有一定的消化能力。特别是在农村市场，消费者对于耐用消费品的价格还是比较敏感的，摩托车作为比家庭汽车更为廉价的机动车，仍然有相当大的吸引力。我们将在后文有关于农村市场的研究中进行分析和介绍。

经过多年的发展，目前我国摩托车行业的地理分布呈现出三大板块（广东、重庆、江浙）和两大集聚（珠三角、重庆）的特点。下面我们详细分析。

第二节　板块分析

由于产业链上、下游之间的链接、物流成本和市场的分布等，我国摩托车企业的分布呈现较为显著的板块特征。大致而言，我国摩托车企业较为集中地分布于广东、重庆、江浙（由于江苏和浙江毗邻，因此将两个地区合并简称为江浙）地区[①]。图 1 – 5 描述了 2007 年和 2012 年摩托车行业中处于生产状态的企业数量地区分布[②]。其中，江浙地区由于地域较为广阔，数量最多，保持在 35% ~38%，广东板块则紧接其后，保持在 27% ~30%，重庆地区则保持在 16% ~19%。

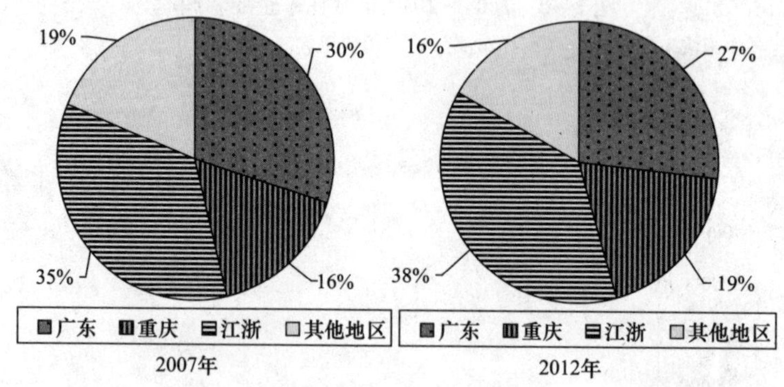

图 1 – 5　摩托车企业数量（处于生产状态）板块对比

注：根据《中国汽车工业协会（摩托车部分）产销快讯》，按生产数量是否大于 0 判断。

① 摩托车企业所属板块的界定是根据企业主页所标示的公司总部地址来确定的。

② 其他年份的对比见附录 2 中的附图 2 – 1。

下面通过2007年、2010年和2012年三年销售数量①、营业收入、利润和出口数量四个指标来对三个板块及其他地区的摩托车行业发展情况进行对比。图1-6为各板块销售数量对比，广东省板块一直处于领先地位，销售数量保持在1000万辆左右；接下来是重庆，保持在600万~800万辆；江浙板块虽然摩托车企业数量众多，但销售额比不上前者，保持在270万~380万辆。在其他几个指标上，均保持这样的格局。如图1-7所示，在营业收入上，广东板块保持在430亿~530亿元，重庆板块保持在240亿~300亿元，江浙板块则保持在180亿~220亿元。如图1-8所示，在利润对比上，广东板块和重庆板块出现一些逆转，2007年重庆板块的利润接近12亿元，高出广东板块大约9000万元；但到了2012年，广东板块利润接近14亿元，而重庆板块跌至7亿元左右，江浙板块则仍处于第三，接近5亿元。如图1-9所示，在出口方面，广东板块的规模优势最为明显，保持在357万~386万辆，重庆和江浙板块的规模则分别是198万~260万辆和78万~103万辆。②

通过以上的分析，广东板块在各个指标上基本处于领先地位，其次是重庆板块。江浙地区虽然地域辽阔，摩托车企业数量众多，但在各个指标中一致保持在第三的位置。由此，我国的摩托车行业中的三大板块地理布局特色十分显著。

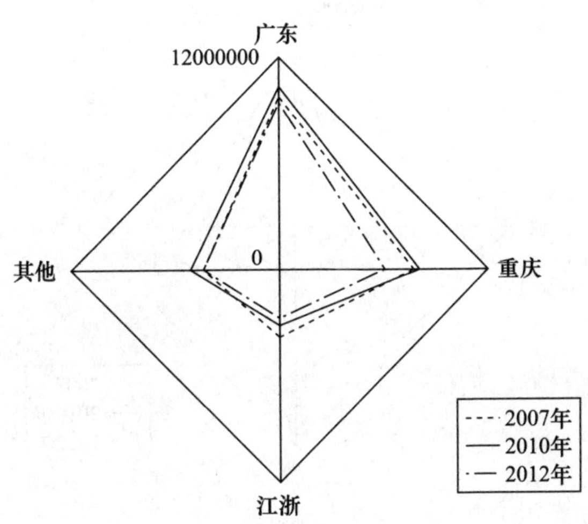

图1-6　各板块摩托车企业销售数量（辆）对比

① 由于生产数量和销售数量非常接近，正文没有对生产数量进行对比，见附录2中附图2-6和附图2-7。

② 其他年份的板块对比见附录2中的附图2-2至附图2-5。

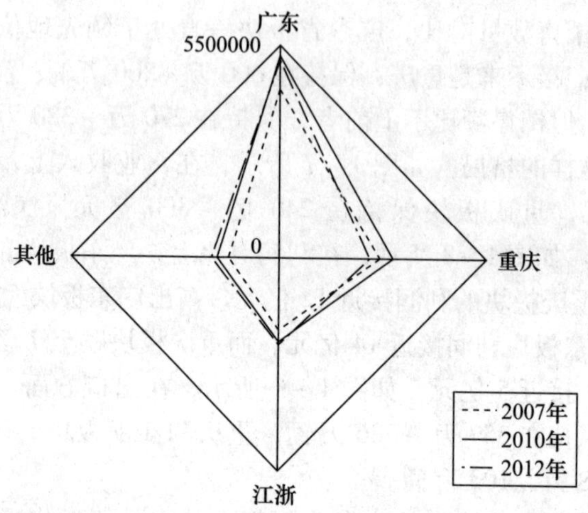

图1-7 各板块摩托车企业营业收入（万元）对比

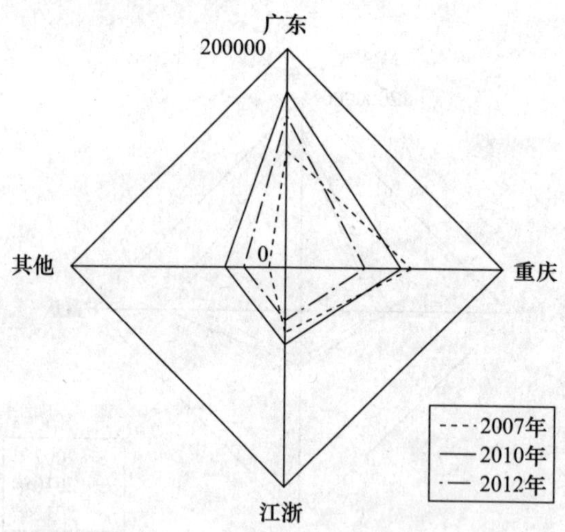

图1-8 各板块摩托车企业利润（万元）对比

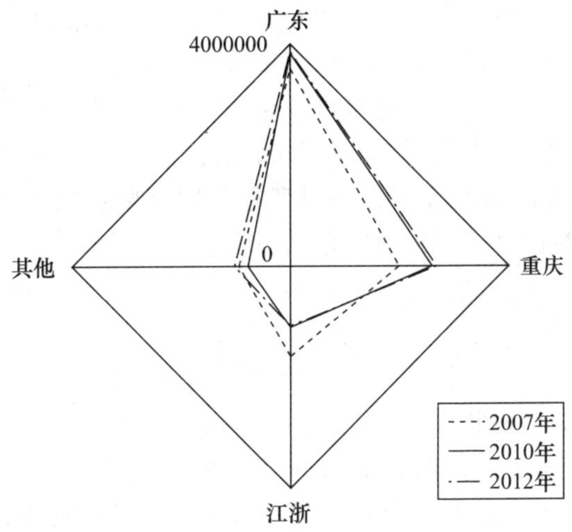

图1-9 各板摩托车企业块出口数量（辆）对比

第三节 集聚分析

一、背景与概要

集聚（Agglomeration）是产业组织形态中较为普遍的现象，一般指在特定地理区域内相同或彼此密切关联的企业高度集中的现象。如美国硅谷、中国台湾新竹、芬兰赫尔辛基、印度班加罗尔等都是全球极具影响力和竞争力的高科技产业集聚。我国在改革开放以来多年的市场发展中，也出现了许多较为典型的集聚，如广东佛山的陶瓷产业集群、江苏的纺织品产业集群、北京中关村电子与网络产业集群，以及最新出现的北京798创意产业集聚等。在集聚区域内，对劳动力市场、基础服务设施、信息资源、中间产品与原材料供给市场、品牌等资源的共享，以及研发、学习等行为造成的外部性等，使得企业搜寻成本和交易成本下降，提高生产率。因此，企业集聚对它们各自所在地区的经济都起到了重要的推动作用，也往往成为地方政府扶持的重点。

我国作为摩托车制造和出口大国，多年的发展也形成了两个较为典型的摩托车集聚区域。在上文所提到的三大板块中，广东板块的大部分企业处于珠三角地区。在相对狭小但发达的珠三角地区，培育了较高的装备制造业发展水平和良好的对外开放环境（谭蓉娟、周泳宏，2008；邹建华、韩永辉，2013），江门市大长江集团有限公司、广州摩托集团、广州市大阳摩托车有限公司等知名企业实现集聚，共享市场、知识，基于产业链展开合作，并发挥各种外溢效应，较为成功地实现共赢。同样的情况出现在重庆板块，在这里聚集了重庆隆鑫机车有限公司、力帆实业（集团）有限公司、宗申产业集团有限公司等知名企业。本部分将对这两个聚集区域的集聚程度进行概括分析。

二、分析指标

对集聚的度量，一直是该领域应用研究中的主要内容。度量指标有集中度、空间基尼系数、赫芬达尔指数、EG 指数、Hoover 指数、区位熵等。使用这些指标进行的研究也十分丰富，例如 Krugman（1991）、Ellison 和 Glaeser（1997）、吴学花和杨蕙馨（2004）、罗勇和曹丽丽（2005）、路江涌和陶志刚（2006）、吴建峰和付育明（2012）等进行的研究。基于数据的可获得性，我们使用《中国汽车工业协会（摩托车部分）产销快讯》、《中国统计年鉴》等中的数据，通过销售数量、营业收入和利润的集中度和区位熵两个指标来描述珠三角摩托车行业集聚和重庆摩托车行业聚集情况。根据样本数据的前后完整性，珠三角包括 36 家企业，重庆包括 21 家企业。集中度（CR）和区位熵（LQ）的计算公式如式（1－1）和式（1－2）所示：

$$CR_{X,t}=\frac{X_{Region,t}}{X_{Nation,t}} \qquad (1-1)$$

$$LQ_{X,t}=\frac{X_{Region,t}/X_{Region,Large,t}}{X_{Nation,t}/X_{Nation,Large,t}} \qquad (1-2)$$

其中，$CR_{X,t}$为基于指标 X 的第 t 年的集中度，它等于该集聚区域（Region）该年度指标 $X_{Region,t}$ 除以全国指标 $X_{Nation,t}$，显然，集中度描述了该区域摩托车行业相对于全国平均水平的集聚程度。$LQ_{X,t}$表示基于指标 X 在第 t 年的区位熵。由于数据获得的限制，$X_{Region,Large,t}$ 采用该区域规模以上工业企业指标 X 的取值，$X_{Nation,Large,t}$则为全国规模以上工业企业指标 X 的取值。由此，若区位熵大于1，则说明相对于工业企业平均水平而言，该区域摩托车行业存在集聚现象。集中度和区位熵越大，集聚水平越高。

三、珠三角集聚

根据销售数量、利润和营业收入几个指标，珠三角摩托车制造业集聚概况如图 1－10 和图 1－11 所示。在集中度方面，销售数量和营业收入分别保持在 0.27～0.30、0.21～0.27，说明珠三角摩托车行业的销售数量总额和营业收入总额占全国的 2～3 成。在 2007～2009 年，利润集中度处于 0.39～0.42 的高位水平，虽然之后有较为显著的回落，但仍然处于 0.20 ~ 0.27 的水平，仍然占全国 2 ~ 3 成。由于不同行业的销售数量具有不同的经济意义，因此，在区位熵的计算中，我们只使用了营业收入和利润两个指标。两个指标的区位熵均大于 1 的门槛值，其中，营业收入保持在 2.24 ~ 2.56，利润在 2009 年以前保持在 4 以上，由 2008 年最高的 4.59 跌落至 2.48 ~ 2.82。通俗而言，这说明珠三角地区摩托车行业的营业收入占本地区规模以上工业企业营业收入的比重高于全国平均水平的 1.24 ~ 1.56 倍，利润则在 2007 ~ 2009 年高出全国平均水平 3 倍以上，在 2010 ~ 2012 年高于全国平均水平 1.48 ~ 1.82 倍，集聚特征显著。

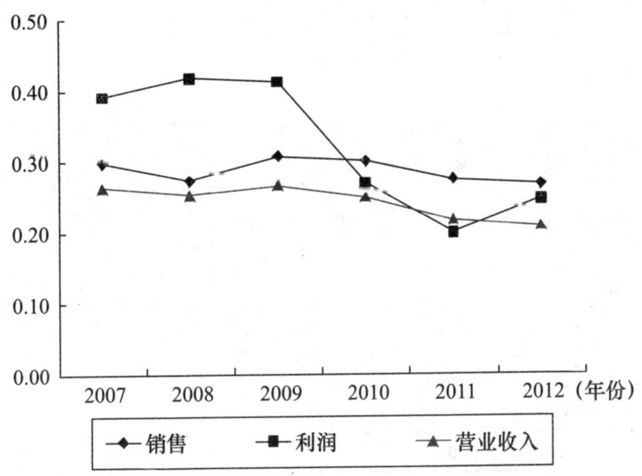

图 1-10 珠三角摩托车行业代表性指标集中度

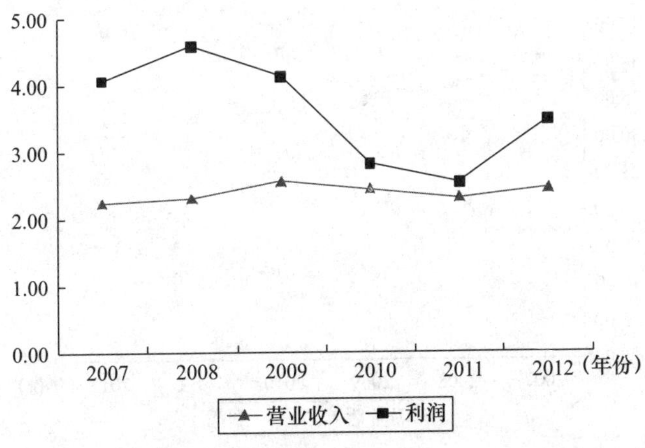

图 1-11 珠三角摩托车行业代表性指标区位熵

四、重庆集聚

使用同样的方法和指标，重庆摩托车行业集聚情况的描述如图 1－12 和图 1－13 所示。由图可知，重庆的集聚程度要高于珠三角。在集中度方面，三个指标的数值较为集中，销售数量保持在 0.37～0.42，营业收入保持在 0.42～0.45，利润保持在 0.36～0.42。这说明，这三个指标在全国占据的比重均达到 40% 左右，高于珠三角集聚。在区位熵方面，重庆集聚的表现则出乎意料的显著，营业收入和利润的区位熵处在 30～45。经过查阅，重庆的规模以上工业企业营业收入和利润额较小，也是导致区位熵值较大的重要原因之一。这说明，重庆地区的工业对于摩托车行业的依赖程度非常高，重庆摩托车行业集聚对于重庆的经济发展非常重要。

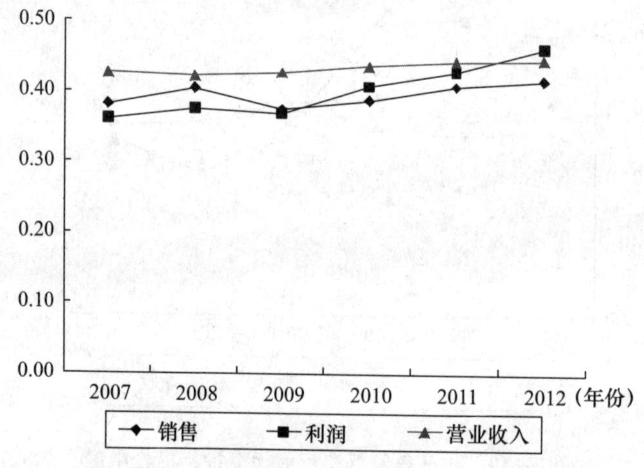

图 1－12　重庆摩托车行业代表性指标集中度

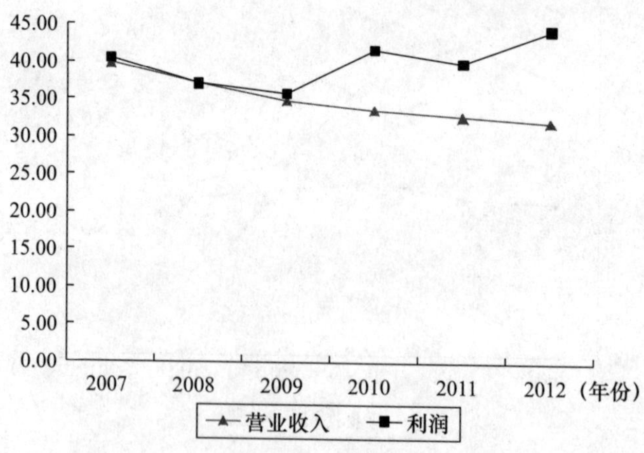

图 1－13　重庆摩托车行业代表性指标区位熵

第四节　企业差异分析

我国的摩托车企业数量众多，它们在规模和效益上存在很大的差异。在前文，我们分别从板块和集聚两个角度对企业表现进行了分析，本节将在企业层面对个体差异进行分析。本节所用数据同样来源于中国汽车工业协会主办、中国汽车工业协会行业信息部承办的2008～2012年的《快讯》，剔除了数据缺乏两年以上的或重要变量（销售量、营业收入、利润总额、出口）数据不全的企业，剩下的71家企业数据仍不失一般性。这些企业大多分布于摩托车行业的三大板块，不论是从规模上看还是从效益上看，能基本覆盖整个摩托车行业的不同表现。

一、规模差异分析

我们分别从销售数量和利润两个维度来考察企业之间的利润差异。我们的分析工具是洛伦兹曲线（Lorenz Curve）和基尼系数（Gini Coefficient）。以图1－14企业利润差异的洛伦兹曲线为例来说明。横轴是按照企业利润升序排序的71家摩托车企业，纵轴则是按照排好序的企业的累计利润。例如，横轴11对应的纵轴数值即为1～11家摩托车企业的累计利润（此处对利润进行了修正，见图1－14注释）。显然，图中的对角线即为绝对平均数，而由于寡占的市场特征，实际曲线往往是一个低于对角线而向下弯曲的曲线，即洛伦兹曲线，表示排序靠前的企业的累计利润低于排序靠后的几家大企业的累计利润。通过洛伦兹曲线弯曲的程度，可以判别企业差异的大小。如果洛伦兹曲线越往下弯曲，代表企业之间的差异（或不平等）越大。进一步的，基尼系数可以刻画这种差异或不平等的程度。基尼系数即为绝对平均曲线和洛伦兹曲线之间的面积除以整个下三角形面积，因此，基尼系数越大，代表企业之间的差异或不平等越大。

由图1－14和图1－15的比较我们可以看出，企业销售数量的差异比利润差异更大。分别来看，2008～2012年，企业利润的差异程度减小，而企业销售数量的差异并没有发生太多改变①。图1－16的基尼系数进一步刻画了这些趋势。销售数量的基尼系数处于0.6～0.7，大于利润基尼系数，后者处于0.3～0.6。这些数值均处于一个较高的水平，说明我国摩托车企业之间的差异性非常大。另外，利润基尼系数在总体下降的同时表现出较大的波动，在2009年有一个较大

① 附录3中的附图3－1至附图3－2给出了其他3个年份的洛伦兹曲线。

浮动的上升，之后逐步下降。

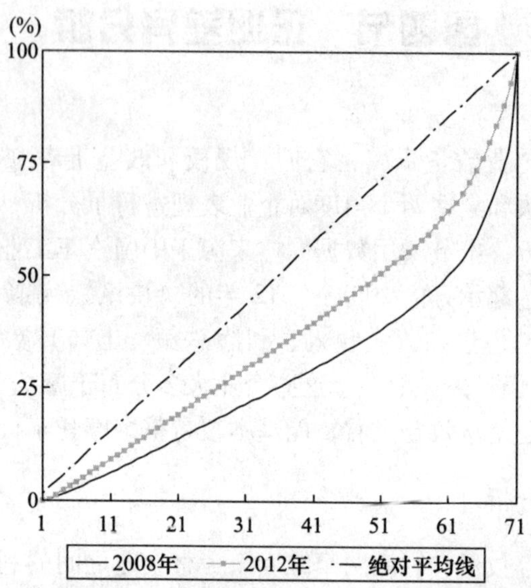

图 1－14　企业利润差异的洛伦兹曲线

注：由于利润存在负数，因此纵轴的累计值来自于以下修正值：企业利润减去该年度所有企业中的最低利润。横轴按企业利润升序排列。

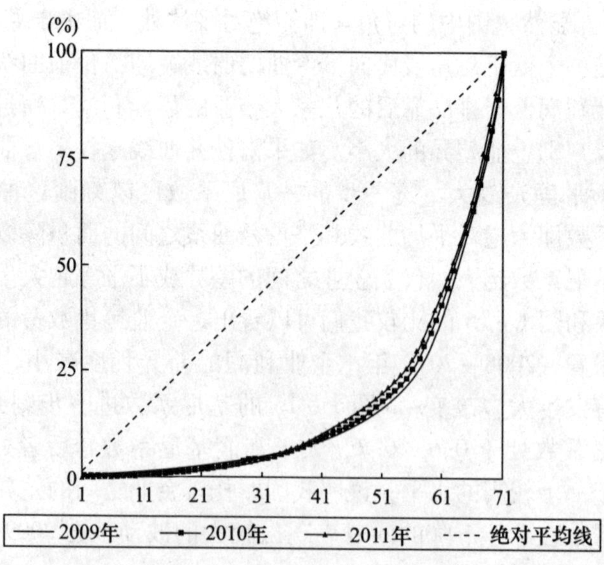

图 1－15　企业销售数量差异的洛伦兹曲线

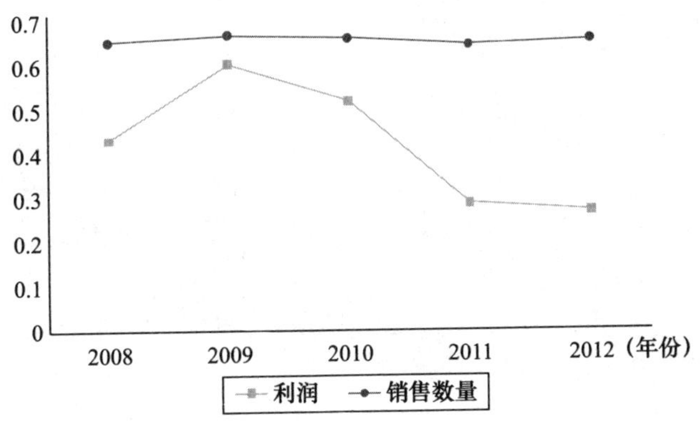

图 1-16 企业利润与销售差异的基尼系数

综合而言，我国摩托车企业之间在规模上的差异性较大。但就销售规模而言，这种差异性在 2008~2012 年一直保持着一定的稳定性，但利润却发生较大的波动并且差异性有所减小。我们对此的解释是，利润的影响是更为复杂的，包括管理、外部因素、技术等，由于外部性等影响，企业之间实现一定程度的知识共享，从而相互影响，由此可以一定程度缩小利润差异，而销售规模由企业的生产能力决定，硬件要求较高，因此不容易缩小差距。

二、效益趋同分析

以上我们对规模差异进行了分析，包括销售数量和利润。要分析效益，必须使用利润率作为指标。根据数据的可获得性，我们使用的利润率（Profit）为利润总额除以营业收入。图 1-17 的密度图刻画了企业利润率的分布演进。由图 1-7 可见，2008~2012 年，峰值的位置并没有发生明显的转移，我们推断，企业利润率的差异形态并没有发生较大的改变。附录 3 中的附图 3-3 给出了其他三个年份的 Kernel 密度图，也表现出同样的特点。

如前所述，由于企业之间相互影响，加上落后者常常具有的后发优势，那么，效益较低的企业在经过长期的发展后，有可能赶上领先企业或者缩小和领先企业之间的差距。在经济学分析中，这种现象被称为趋同（Convergence）。较早的趋同分析是从宏观经济分析开始的，例如 Baumol（1986）、DeLong（1988）等进行的研究，在国内则大量运用在区域经济分析、经济增长等领域，如徐现祥和李郇（2004）、彭国华（2005）、覃成林和张伟丽（2009）等进行的研究。简单而言，趋同分析可以概括为以下回归分析模型（1-3）。

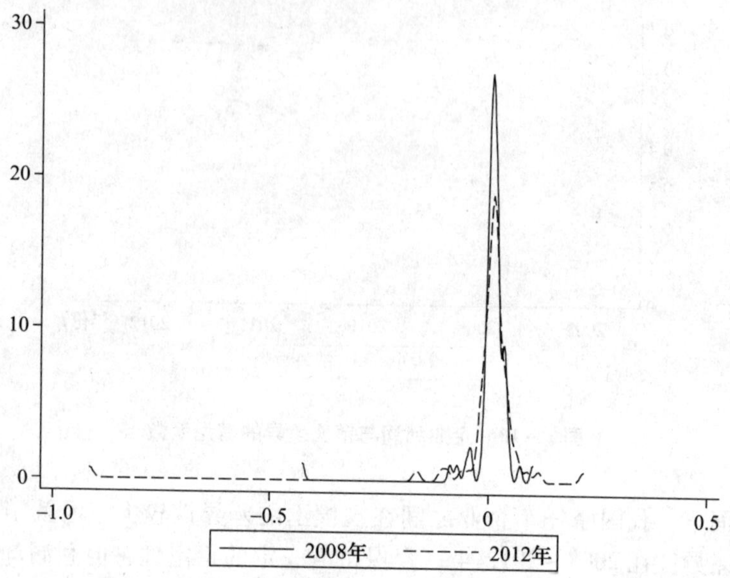

图1-17 企业利润率Kernel密度

注：横轴为企业利润率，纵轴为Kernel密度值。核函数采用高斯核（Gaussian）。

$$g_{y_{i,T}} = f(y_{i,0},\ Z_{i,T}) \tag{1-3}$$

其中，$g_{y_{i,T}}$表示个体i在从初始时期0到时间T的绩效变化率，$y_{i,0}$表示个体i在初始时期0的绩效，$Z_{i,T}$则是个体i在时刻T的其他控制变量。由此，若$y_{i,0}$的回归系数显著为负，则说明初始绩效与当期绩效变化率呈反关系。即初始绩效越低，增长速度越快。我们将依照以上框架进行回归分析。

根据数据的可获得性，我们采用利润率（Profit）为绩效指标下面，使用2007年的利润率为初始绩效指标（Initial Profit）。Growth Rate of Profit为当期利润率增长率，即当期利润率减去初始利润率再除以初始利润率。控制变量Sale和Export分别为销售数量和出口，在回归中使用自然对数形式。另外，我们还控制了年份固定效应和板块固定效应。样本同样来自《快讯》2008～2012年数据，而初始利润率则从2007年《快讯》获取。样本的描述性统计见表1-1，回归结果见表1-2。

表1-1 描述性统计

	观察值	平均值	标准差	最小值	最大值
Profit	355	0.00	0.07	-0.91	0.23
Sale	355	353312	531105	525	3006568
Export	355	119614	173634	84	1044760
Initial Profit	71	0.00	0.06	-0.42	0.10

表 1－2 效益趋同分析

	Growth Rate of Profit		
	(1)	(2)	(3)
Initial Profit	0.38 (0.23)	－4.34 (－1.30)	－4.09 (－1.07)
ln Sale		控制	控制
ln Export		控制	控制
年份固定效应	控制	控制	控制
板块固定效应			控制
常数项	－0.00 (－0.20)	－7.51 (－1.28)	－5.86 (－0.86)
R^2	0.0089	0.0152	0.0322
观察值	355	355	355

注：ln 表示自然对数；标准差经过 Robust 修正；括号内为 t 值；回归使用 Stata 进行。

由表 1－2 的回归结果可知，在控制了各种因素以后，Initial Profit 的系数并不显著。说明企业之间在效益上并不存在趋同现象，这与图 1－17 的事实是吻合的。

第二章　龙头企业的作用分析

本章摘要

龙头企业也称为核心企业，一般是指区内实力最强、效益最好，对整个区域影响最大，辐射力强的企业。在集聚中，各个企业的发展是不均衡的。技术、管理、市场的把握和市场进入的时间等各种因素，都会影响企业的发展。那么，在长期的发展中，会形成若干龙头企业。本章根据 2007 ~ 2012 年摩托车企业的生产数量、销售数量、营业收入和利润四个指标对珠三角和重庆两大集聚内的龙头企业进行了挖掘，并分析了龙头企业对集聚内其他企业的影响。基本分析结论如下：

1. 在珠三角聚集内部，具有一个领先程度明显的龙头企业，对集聚内其他企业具有较为显著的规模拉动作用和效益促进作用。其中，规模拉动作用更为明显，规模拉动弹性为 0.85 ~1.93，而效益促进弹性为 0.33 ~0.54。

2. 在重庆集聚内部，存在三个领先优势较为相似的龙头企业。龙头企业对其他企业的规模拉动和效益促进作用不显著。推测存在一定的“挤占”效应。

3. 鉴于龙头企业具有的正面促进作用和负面挤压作用，尽可能地培育促进正向外溢效应的平台十分必要，包括知识共享平台、合作平台、品牌和声誉共享等。

第一节　导言

所谓龙头企业，也称核心企业，一般是指区内实力最强、效益最好，对整个区域影响最大，辐射力强的企业。在集聚中，各个企业的发展是不均衡的。技术、管理、市场的把握和市场进入的时间等各种因素，都会影响企业的发展。龙头企业凭借其领先的发展优势，基于技术、知识的溢出效应也最为显著，对区域内其他企业具有较强的辐射能力。由此，龙头企业对区域内其他企业的影响，将关系集聚的整体绩效问题。就我国摩托车行业的地理分布而言，重庆地区和珠三角地区在相对较小的地理空间内聚集程度较高，因此，龙头企业对该地区其他企业的影响较大。例如，珠三角集聚中的江门市大长江集团有限公司在多个指标上长期处于国内领先地位，重庆隆鑫机车有限公司、力帆实业（集团）有限公司、宗申产业集团有限公司等知名企业在重庆集聚中也是佼佼者，这些企业是否具有龙头企业的地位，是否对其他企业的发展具有较强的影响。本章的研究将对珠三角集聚和重庆集聚分别进行分析。

目前，关于龙头企业的识别并没有既定的程序，我们从企业的各项代表性指标并结合业界访谈和调研等工作来识别。本章所用数据来源于 2007 ~ 2012 年中国汽车工业协会编辑出版的《快讯》、《重庆市统计年鉴》、《广东省统计年鉴》和《中国统计年鉴》历年数据。剔除了在时间序列上存在缺失值的样本，最终选择了重庆地区 17 家企业和珠三角地区 26 家企业的数据进行分析。其中，珠三角地区企业样本涵盖广州、深圳、佛山、东莞、珠海、江门、中山、惠州、清远、汕头 10 个城市。①根据数据的可获得性，我们将通过生产、销售、营业收入和利润几个方面来挖掘某地区的龙头企业，然后分析龙头企业对集聚区域内其他企业的规模拉动和效益促进作用。

① 清远、汕头的摩托车企业在地理上不属于珠三角，但同属珠三角摩托车制造业企业的生产链，故包含在本书的样本之内。由于存在部分样本数据的缺失，本书样本企业并不包括珠三角全部的摩托车生产企业，但涵盖了主要部分。

第二节 相关文献

龙头企业对其他企业的影响，属于某种形式的外部性（Externalities）或外溢效应（Spillovers）。龙头企业在自身的生产、管理和与周边企业的合作、交流中对其他企业产生拉动作用或其他的影响，属于一种外部性，或称外溢效应。基于空间上的紧密关联性，集聚与外溢效应的研究常常结合在一起。Marshall（1890）较早地将该现象总结为三种机制：劳动力市场共享、投入品共享和知识的外溢。之后，大量的文献基于 Marshall（1890）的这三种机制（又称马歇尔外部性）对集聚与产业间外溢效应展开研究一直没有中断。Jofre - Monseny 等（2011）运用西班牙新企业的选址识别了这三种马歇尔（Marshall）外部性。Audretsch 和 Feldman（1996）认为，在知识外溢效应更为明显的行业中，集聚区域内的企业具有更大的创新活动意愿，新技术的传播速度更快，更能刺激和促进新技术的采用与改善。Rosenthal（2001）等对行业集聚的微观经济基础进行了实证分析并证明了知识外溢、劳动力市场的集中、投入品的共享以及物流成本优势的作用。Chyi 等（2012）认为，知识外溢是造成企业集聚的主要动力之一。Puga（2010）分析了集聚经济的形成原因，包括共享（对基础服务设施的共享、专业分工导致的规模经济和生产效率提升、风险共担）、匹配（人力资本的聚集能够显著提高供求双方的匹配质量、匹配机会以及减少等待问题）和学习（知识的积累和扩散）。

同样的，产业集聚也是我国制造业发展中的一个较为普遍的形态。叶建亮（2001）认为，知识外溢是造成企业集聚的主要动力之一。金祥荣和朱希伟（2002）认为，产业集聚会形成特定的产业氛围，又由于企业间地理上的相互靠近使得技术传播迅速，营造出一种“创新—溢出”的共享文化，促使企业技术进步。刘学强（2003）认为，企业集聚有三大优势：可以形成较大生产要素需求市场，吸引专业化供应商，降低要素交易价格；带来人才的集聚，降低企业人才搜寻成本；形成强烈竞争，倒逼企业技术变革升级，降低生产成本。贺灿飞（2005）认为，一定区域内的产业集聚可以产生外部正向经济效益：对劳动力市场、相关基础服务设施和信息资源的共享提高企业的生产效率；集聚区域内对中间产品与原材料的需求会吸引大量的供应商，而最终产品亦会导致购买商云集，节约企业搜寻和交易成本。王子龙等（2006）认为，产业集聚存在规模收益递增和正的外部经济效应，形成共生效应、协同效应、区位效应和结构效应等多方面优势。彭向和蒋传海（2009）通过博弈论研究方法发现，企业集聚是一种双赢策略，其成因主要来源于技术的外溢。此外，市场机制主导的企业集聚能够提高能源利用率，从而减少企业成本（师博、沈坤荣，2013）。周泳宏和邓卫广（2010）对上市公司季报数据采用DAG和Granger方法进行实证分析后认为，聚集区域内的企业之间存在同期正向外溢效应和滞后的负向外溢效应。吴建峰和符育明（2012）首先创造性地用企业规模与集聚的协同发展来识别出经济集聚的马歇尔外部性，然后选取一系列包括马歇尔外部性的特征变量在内的影响产业空间集聚的因素，运用中国制造业数据进行实证检验，证实了马歇尔外部性与经济空间集聚存在相互促进作用。

由于产业集聚区域内企业间存在异质性，不同企业在区域内的地位不同（Lazerson、Lorenzoni，1999；贾生华、杨菊萍，2007），个别企业对其余企业的发展存在显著影响，在集聚区域的技术创新、知识扩散等方面扮演着重要角色。我们称这类企业为领导企业（Leader Firm）或龙头企业。综合而言，这类企业主要通过三种途径来带动集聚区域其他企业的发展：第一，投资的外部效应。龙头企业通常具有较大的市场规模和资金能力，为了巩固自己的地位，一般需要在企业环境、人才培养、市场宣传上进行大量投资，使得周边企业可以降低自身的信息搜寻成本，或可以使用部分的非排他产品等。第二，知识的扩散效应。龙头企业具有良好的人才储备、知识存量、研发和创新优势。在知识的外部性特征下，龙头企业在集聚区域内往往处于知识转移的溢出方，使整个集聚区域内的企业受到知识外溢的好处。第三，品牌效应。龙头企业的产品品牌作为区域品牌的形象代表，具有较高的美誉度和强大的品牌竞争力，而这也是属于集聚区域内相关企业所共享的无形资产。龙头企业依靠自身的优势推进品牌的建设，联合集聚区域内的其他企业共同打造区域性品牌，通过品牌促进效应带来规模等的扩张。

在实证方面，Nijdam和De Langen（2003）对荷兰海事集聚的研究表明，龙头企业对其余企业的影响主要表现在以下几个方面：协调生产网络、扮演领导角色、制定标准、创建新组合、促进知识的扩散、鼓励和支持国际化、创建声誉、提升劳动力市场和组织基础设施建设。Boari（2001）对意大利北部的包装产业中小企业集聚现象进行了研究，发现集聚区域内的中小企业往往依附在少数几个大企业或核心企业周围，这些核心企业通过技术外溢、提供订单、融资链条等关联，促进区域的发展与扩张。Giuliani和Bell（2005）对智利白酒集聚进行了研究，认为龙头企业会产生正向外部效应，例如，通过向集聚区域内其他企业分享设备和技术，从而强化集聚的整体。刘友金和罗发友（2005）通过案例分析了焦点企业即龙头企业在集群演进中的作用：技术扩散、发展导向、行业规范。张杰等（2007）借助空间动态博弈模型，考察不同集群形态对企业绩效的影响，认为依靠龙头企业的集群发展模式更利于摆脱由于模仿跟随行为导致“集体创新动力缺失”难题。张益丰和孙治宇（2011）结合两种竞争模型，用数理分析的方法论证了在我国高端产业集聚区产业集聚必然以优势企业为核心，在高端产业中，政府应支持与鼓励相关类型企业围绕龙头企业发展，通过“干中学”、“用中学”等途径，形成具有一定规模的聚集区。

在第一章，我们已经描述了珠三角集聚和重庆集聚的特征，本部分我们基于这两个集聚，挖掘它们的龙头企业，并分析龙头企业对其他企业的拉动作用（外部性或外溢效应）—— 规模拉动及效益促进。

第三节　珠三角集聚龙头企业分析

一、龙头企业的挖掘

首先，我们来挖掘珠三角集聚的龙头企业。表 2－1 为该地区各年份代表性指标排名前 5 名情况。在表中，我们使用了代号来代表企业。

表 2－1　珠三角摩托车企业各年份各指标排名前 5 名情况

年份	排序	生产数量	销售数量	营业收入	利润
2007	1	DCJ	DCJ	DCJ	DCJ
	2	WB	WB	WB	DY
	3	DY	DY	DY	TM
	4	TM	TM	TM	WB
	5	HL	HL	HL	HN
2008	1	DCJ	DCJ	DCJ	DCJ
	2	WB	WB	WB	DY
	3	DY	DY	DY	TM
	4	HL	HL	HL	WB
	5	TM	TM	TM	HL
2009	1	DCJ	DCJ	DCJ	DCJ
	2	WB	WB	WB	WB
	3	DY	DY	DY	DY
	4	HL	HL	HL	TM
	5	TM	TM	TM	HL

续表

年份	排序	生产数量	销售数量	营业收入	利润
2010	1	DCJ	DCJ	DCJ	DCJ
	2	DY	DY	WB	WB
	3	WB	WB	DY	DY
	4	HL	HL	HL	TM
	5	TM	TM	TM	HL
2011	1	DCJ	DCJ	DCJ	DCJ
	2	DY	DY	WB	WB
	3	WB	WB	DY	DY
	4	HL	HL	HL	TM
	5	TM	TM	TM	HL
2012	1	DCJ	DCJ	DCJ	DCJ
	2	DY	DY	WB	WB
	3	WB	WB	DY	DY
	4	HL	HL	HL	TM
	5	TM	TM	HL	HL

注：此表使用企业的代号表示，以隐去企业信息。

如表2－1所示，在珠三角集聚中，有唯一的一家企业（DCJ）在各个指标上具有领先优势。进一步的，图2－1为2012年DCJ和其他主要企业各个指标的对比情况①。可见，DCJ在各个指标上均较大幅度地领先其余主要企业。在生产数量和销售数量上，DCJ的份额（31%）与第二位的WB（14%）具有相当大的差距，在营业收入的表现上类似。在利润上，DCJ的优势更为显著，占据市场的63%，比第二位的WB（29%）高出24个百分点。由此，我们将DCJ视为珠三角唯一的龙头企业。

二、龙头企业影响作用分析

使用上述阐述的数据来源，我们可以使用的指标包括销售数量、生产数量、营业收入和利润。销售数量和生产数量变动趋势几乎一致，具有高度相关性，均可代表企业规模，由此，我们采用销售数量进行研究。通过营业收入和利润，我们可以构造反映效益的指标——利润率。出口比重的大小反映企业参与国际市场的程度，这将影响企业生产的质量标准、管理规范和受国际市场宏观因素影响的

① 附录4给出了其他年份的对比情况，见附图4－1至附图4－5。

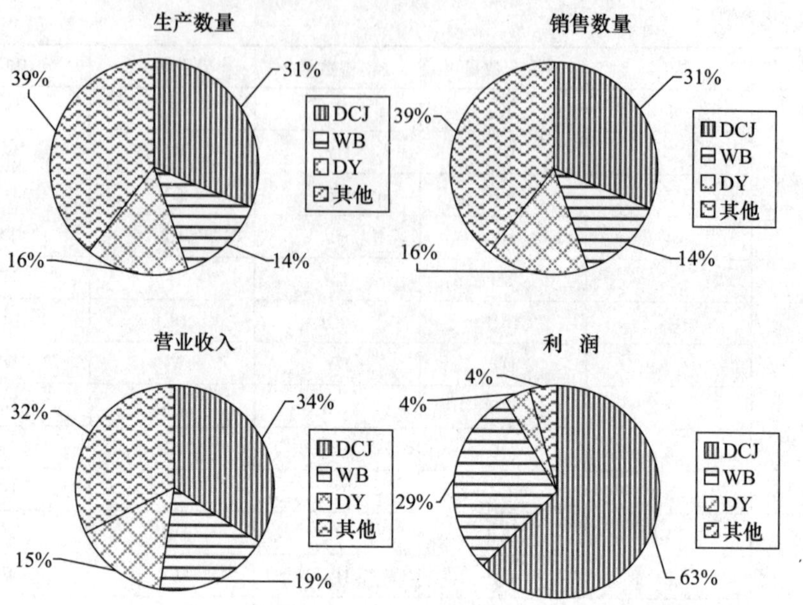

图 2-1 珠三角主要企业代表性指标 2012 年对比关系

程度，有可能影响规模和效益等表现。由此，我们在实证分析中涉及的指标包括销售数量、利润率和出口比重。其中，对销售数量进行了对数处理，出口比重是出口数量除以销售数量，利润率是利润除以营业收入。样本（包括龙头企业）描述性统计如表 2-2 所示。

表 2-2 样本描述性统计：珠三角集聚

指标	含义	观察值	最大值	最小值	均值	标准差
ln Sale	销售数量	130	14.92	7.25	11.55	1.49
Profit	利润率	130	0.26	-0.21	0.00	0.05
Export	出口比重	130	0.95	0	0.35	0.29

1. 规模拉动作用

首先考察基于规模拉动的影响作用。我们采用销售数量作为企业规模的衡量指标，基准的回归模型如式（2-1）所示：

$$\ln Sale_{i,t} = f(\ln Sale\_Core_t,\ Z_{i,t}) \qquad (2-1)$$

其中，以除龙头企业外的其他企业 i 在年份 t 的销售数量（$\ln Sale_{i,t}$）作为被解释变量，以龙头企业在年份 t 的销售数量（$\ln Sale\_Core_t$）作为解释变量，并加入同时影响被解释变量的控制变量（$Z_{i,t}$）进行面板回归，由此分析龙头企业的规模拉动作用。由于企业上一期的销售与收益情况可能对本期产生影响，我们在回归模型中加入变量的滞后一期（ln Sale(－1)，Profit(－1)）作为控制变量。作为出口型企业，国际市场的变化将可能影响企业的生产和销售，因此加入企业出口比重（Export）作为控制变量。回归模型中使用 Hausman 检验进行固定效应模型还是随机效应模型的选择。回归结果如表 2－3 中（1）、（2）列所示。为了验证回归结果的稳健性，将解释变量替换为龙头企业销售量的滞后一期（ln Sale_Core(－1)），其结果如（3）、（4）列所示。

表 2－3 珠三角集聚龙头企业的规模拉动作用分析

	ln Sale			
	（1）	（2）	（3）	（4）
Constant	－7.700** （－1.68）	－14.148** （－2.80）	－20.027*** （－3.33）	－24.075*** （－3.99）
ln Sale_Core	0.848*** （3.24）	1.259*** （4.14）		
ln Sale_Core（－1）			1.677*** （4.49）	1.934*** （5.08）
ln Sale（－1）	0.572*** （5.18）	0.578*** （5.40）	0.571*** （5.09）	0.575*** （4.95）
Profit（－1）		－0.954** （－2.18）		－0.770 （－1.52）
Export		0.875*** （4.35）		0.556*** （3.61）
R^2	0.395	0.466	0.437	0.474
F	13.92 （0.00）	11.12 （0.00）	18.27 （0.00）	12.73 （0.00）
Hausman	F	F	F	F
观察值	125	125	125	125

注：Hausman 检验中，“F”表示采用个体固定效应模型，“R”表示采用随机效应模型。系数括号内为对应检验的 t 值，F 检验后括号内为 P 值。*、** 和 *** 分别表示 10%、5% 和 1% 的显著性。

由表 2－3 可知，ln Sale_Core 的系数在 1% 水平上显著为正，说明集聚内各个企业与龙头企业在规模维度上呈同向关系改变。而 ln Sale_Core(－1) 则在一定程度上排除了双向因果关系，其系数依然在 1% 的水平上显著。由于龙头企业是其中实力最强、辐射力最大的核心企业，因此可基本判断，龙头企业对集聚具有正向的规模拉动作用。进一步的，根据回归系数，其拉动作用富有弹性，达到0.85～1.93。

2. 效益促进作用

为了检验龙头企业的效益促进作用，我们采用利润率（Profit）作为企业效益的衡量标准。仍然采用同样的分析框架，基准回归模型如式（2－2）所示：

$$Profit_{i,t} = f(Profit\_Core_t,\ Z_{i,t}) \tag{2-2}$$

其中，以除龙头企业外的其他企业利润率（$Profit_{i,t}$）作为被解释变量，以龙头企业的利润率（$Profit\_Core_t$）作为解释变量，分析龙头企业对集聚的效益促进作用。控制变量（Z）的选取理由与前文一致。为了验证回归结果的稳健性，将解释变量替换为龙头企业效益的滞后一期（Profit_Core(－1)），其结果见表2－4。

表2－4　珠三角集聚龙头企业的效益促进作用分析

	Profit			
	（1）	（2）	（3）	（4）
Constant	－0.041** （－2.14）	－0.392** （－2.90）	－0.032** （－2.17）	－0.372** （－2.40）
Profit_Core	0.472* （2.00）	0.541** （2.08）		
Profit_Core（－1）			0.330* （1.97）	0.335** （2.40）
Profit（－1）	－0.320* （－1.80）	－0.364*** （－3.09）	－0.328* （－1.71）	－0.367*** （－2.92）
ln Sale（－1）		0.029** （2.68）		0.030** （2.30）
Export		0.019 （0.61）		－0.019 （－0.68）
R^2	0.145	0.213	0.100	0.170
F	2.44 （0.109）	19.99 （0.00）	2.33 （0.119）	8.82 （0.00）
Hausman	F	F	F	F
观察值	125	125	125	125

注：Hausman 检验中，“F”表示采用个体固定效应模型，“R”表示采用随机效应模型。系数括号内为对应检验的 t 值，F 检验后括号内为 P 值。*、** 和 *** 分别表示 10%、5% 和 1% 的显著性。

由表 2-4 可知，虽然相对于规模变化的关系而言，龙头企业利润率 Profit_Core 系数和 Profit_Core(-1) 的显著性有所下降，但仍在 10% 水平上显著为正，说明集聚内各企业在效益维度上也与龙头企业呈同向关系变化。同样的，由于龙头企业是其中实力最强、辐射力最大的核心企业，因此可基本判断，龙头企业对集聚具有正向的效益促进作用。虽然效益促进作用不如规模拉动作用明显，但按照回归系数分析，其弹性仍然达到 0.33 ~ 0.54。

第四节　重庆集聚龙头企业分析

一、龙头企业的挖掘

我们使用同样的方法来挖掘重庆地区的龙头企业。表 2-5 为 2007 ~ 2012 年重庆集聚内各项指标排名前 5 名的企业列表。

表 2-5　重庆摩托车企业各年份各指标排名前 5 名情况

年份	排序	生产	销售	营业收入	利润
2007	1	LX	LX	LF	ZS
	2	JS	JS	ZS	LF
	3	LF	LF	LX	LX
	4	JL	JL	JS	JS
	5	ZS	ZS	JL	JL
2008	1	LX	LX	LF	ZS
	2	LF	LF	ZS	LX
	3	JS	JS	LX	JS
	4	JL	JL	JS	LF
	5	ZS	ZS	JL	JL
2009	1	LX	LX	LF	ZS
	2	JS	JS	ZS	LX
	3	LF	LF	LX	LF
	4	ZS	ZS	JS	JS
	5	JL	JL	JL	JL

续表

年份	排序	生产	销售	营业收入	利润
2010	1	LX	LX	LF	ZS
	2	LF	LF	ZS	LX
	3	JS	JS	LX	LF
	4	ZS	ZS	JS	JS
	5	JL	JL	JL	JL
2011	1	LX	LX	LF	ZS
	2	LF	LF	ZS	LX
	3	ZS	ZS	LX	LF
	4	JS	JS	JS	JS
	5	JL	JL	JL	JL
2012	1	LX	LX	LX	LX
	2	LF	LF	ZS	ZS
	3	ZS	ZS	LF	LF
	4	JS	JS	JS	JL
	5	JL	JL	JL	JS

注：此表使用企业的代号表示，以隐去企业信息。

与珠三角集聚不同，我们发现并没有唯一的一家企业能在各个指标上具有稳定的领先优势，LX、LF、ZS 分别在一定的指标上排名第一。由此，我们选取 LX、LF、ZS 三家企业作为龙头企业，以进行下一步分析。进一步的，图 2 - 2 为 2012 年该三家企业和其他企业各个指标的对比情况①。生产数量和销售数量的情况基本保持一致，三家企业占有整个行业的 48% 的份额。营业收入和利润的表现更为显著，三家企业总共分别占据了总行业的 67% 和 83%，领先优势非常显著。进一步的，虽然 LX 在利润上具有较为显著的领先优势，但在生产数量和销售数量上（占据行业总和的 19%）并没有与第二位的 LF（17%）拉开显著的差距。在营业收入方面，三家企业的份额均分别处在 22% ~23%，差别不大。结合对业界的访谈和调研，我们认为，选择三家企业作为龙头企业是合理的。

二、龙头企业影响作用分析

本部分使用的变量与第二节相同，包括销售数量、利润率和出口比重。其中，

① 附录 4 给出了其他年份的对比情况，见附图 4 - 6 至附图 4 - 10。

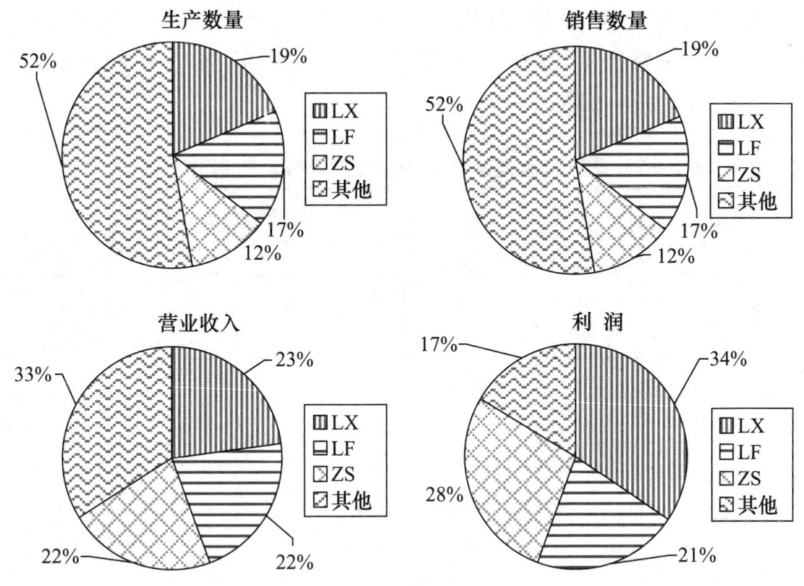

图 2－2　重庆主要企业各指标 2012 年对比关系

对销售数量进行了对数处理，出口比重是出口数量除以销售数量，利润率是利润除以营业收入。样本（包括龙头企业）描述性统计如表 2－6 所示。

表 2－6　样本描述性统计：重庆集聚

指标	含义	观察值	最大值	最小值	均值	标准差
ln Sale	销售数量	85	14.49	9.96	12.55	1.35
Profit	利润率	85	0.14	－0.34	0.01	0.05
Export	出口比重	85	0.89	0.02	0.44	0.25

1. 规模拉动作用

同样的，我们采用销售数量作为企业规模的衡量指标，基准的回归模型如式（2－1）所示。其中，以除龙头企业外的其他企业销售数量（ln Sale）作为被解释变量，以龙头企业的销售数量（ln Sale_Core）作为解释变量，并使用下标表示龙头企业代码。另外，加入同时影响被解释变量的控制变量（Z）进行面板回归，由此分析龙头企业的规模拉动作用。由于企业上一期的销售与收益情况可能对本期产生影响，我们在回归模型中加入变量的滞后一期（ln Sale(－1)，Profit(－1)）作为控制变量。作为出口型企业，国际市场的变化将可能影响企业的生产和销售，因此加入企业出口比重（Export）作为控制变量。回归模型中使用 Hausman 检验进行固定效应模型还是随机效应模型的选择。表 2－7、表 2－8、

表2-9分别是以LX、LF、ZS为龙头企业的实证结果。其中，为了验证回归结果的稳健性，将解释变量替换为龙头企业销售量的滞后一期(ln Sale_Core(-1))，其结果如各表（3）、（4）列所示。

表2-7　重庆集聚龙头企业的企业规模拉动作用分析：LX

	ln Sale			
	(1)	(2)	(3)	(4)
$ln\ Sale\_Core_{LX}$	1.69** (2.34)	1.44** (2.29)		
$ln\ Sale\_Core_{LX}$ (-1)			-1.43** (-2.20)	-1.27 (-1.62)
ln Sale (-1)	-0.01 (-0.17)	-0.02* (-1.81)	-0.02 (-0.73)	-0.04*** (-3.21)
Profit (-1)		2.45** (2.19)		2.55* (2.09)
Export		0.13 (0.38)		0.12 (0.31)
常数项	-12.09 (-1.14)	-8.32 (-0.92)	33.07*** (3.49)	30.86** (2.70)
R^2	0.086	0.205	0.064	0.191
F	4.06 (0.04)	80.15 (0.00)	2.44 (0.13)	36.17 (0.00)
Hausman	F	F	F	F
观察值	70	70	70	70

注：Hausman检验中，“F”表示采用个体固定效应模型，“R”表示采用随机效应模型。系数括号内为对应检验的t值，F检验后括号内为P值。*、**和***分别表示10%、5%和1%的显著性。

表2-8　重庆集聚龙头企业的企业规模拉动作用分析：LF

	ln Sale			
	(1)	(2)	(3)	(4)
$ln\ Sale\_Core_{LF}$	1.33*** (3.12)	1.13** (2.28)		
$ln\ Sale\_Core_{LF}$ (-1)			-0.65* (-2.01)	-0.60 (-1.61)

续表

	ln Sale			
	(1)	(2)	(3)	(4)
ln Sale (-1)	-0.01 (-0.28)	-0.03 * (-2.03)	-0.02 (-0.65)	-0.03 *** (-3.58)
Profit (-1)		2.38 * (2.13)		2.56 ** (2.31)
Export		0.09 (0.25)		0.21 (0.57)
常数项	-6.79 (-1.09)	-3.76 (-0.54)	21.65 *** (4.68)	21.12 *** (3.84)
R^2	0.115	0.223	0.034	0.172
F	5.48 (0.02)	21.51 (0.00)	2.21 (0.15)	51.49 (0.00)
Hausman	F	F	F	F
观察值	70	70	70	70

注：Hausman 检验中，"F" 表示采用个体固定效应模型，"R" 表示采用随机效应模型。系数括号内为对应检验的 t 值，F 检验后括号内为 P 值。*、** 和 *** 分别表示 10%、5% 和 1% 的显著性。

表 2-9　重庆集聚龙头企业的企业规模拉动作用分析：ZS

	ln Sale			
	(1)	(2)	(3)	(4)
$\ln Sale_{ZS}$	0.37 (0.67)	0.29 (0.62)		
$\ln Sale_{ZS}$ (-1)			-2.70 ** (-2.80)	-2.43 * (-2.08)
ln Sale (-1)	-0.02 (-0.63)	-0.04 *** (-3.49)	-0.01 (-0.53)	-0.03 ** (-2.57)
Profit (-1)		2.47 ** (2.35)		2.50 * (1.88)
Export		0.26 (0.75)		0.03 (0.06)
常数项	7.24 (0.92)	8.41 (1.27)	50.57 *** (3.71)	46.92 ** (2.82)
R^2	0.028	0.162	0.104	0.220

续表

	ln Sale			
	(1)	(2)	(3)	(4)
F	0.76 (0.49)	105.48 (0.00)	4.16 (0.04)	29.95 (0.00)
Hausman	F	F	F	F
观察值	70	70	70	70

注：Hausman 检验中，"F" 表示采用个体固定效应模型，"R" 表示采用随机效应模型。系数括号内为对应检验的 t 值，F 检验后括号内为 P 值。*、** 和 *** 分别表示 10%、5% 和 1% 的显著性。

由表 2－7 至表 2－9 的结果，重庆集聚的龙头企业规模拉动作用并不如珠三角显著。以 LX 和 LF 作为龙头企业的回归分析表明，龙头企业和其他企业在同期的规模上具有同向的正关系，显著水平在 5%～10%，但是龙头企业滞后 1 期的规模和本期其他企业规模之间并没有显著的正向关系或有显著的负向关系。以 ZS 为龙头企业的回归中，龙头企业和其他企业的规模甚至不存在同期的正向关系，其滞后 1 期的规模与本期其他企业的规模还存在显著的负向关系。由此，我们不能判定重庆集聚内的龙头企业具有稳健的规模拉动作用。推测其原因，在于集聚中可能存在的"挤占效应"。与珠三角集聚相比而言，重庆龙头企业具有三家，因此，在区域内寡占的特征更为强烈，由此可能导致相对较强的"挤占效应"。

2. 效益促进作用

为了检验龙头企业的效益促进作用，我们采用利润率（Profit）作为企业效益的衡量标准。仍然采用同样的分析框架，基准回归模型如式（2－2）所示。其中，以除龙头企业外的其他企业利润率（Profit）作为被解释变量，以龙头企业的利润率（Profit_Core）作为解释变量，并用下标表示龙头企业。控制变量（Z）的选取理由与前文一致。为了验证回归结果的稳健性，将解释变量替换为龙头企业效益的滞后一期（ln Profit_Core（－1））。表 2－10、表 2－11、表 2－12 分别是以 LX、LF、ZS 为龙头企业的实证结果。

表 2－10　重庆集聚龙头企业效益促进作用分析：LX

	Profit			
	(1)	(2)	(3)	(4)
$Profit_{LX}$	0.64 (1.17)	0.28 (0.40)		
$Profit_{LX}$ (－1)			0.52 (0.67)	0.41 (0.45)

续表

	Profit			
	(1)	(2)	(3)	(4)
Profit(-1)	0.02 (0.09)	-0.02 (-0.07)	0.01 (0.05)	-0.02 (-0.08)
ln Sale(-1)		0.01* (1.84)		0.01 (1.40)
Export		-0.00 (-0.02)		-0.01 (-0.11)
常数项	-0.03 (-1.17)	-0.08 (-1.02)	-0.02 (-0.68)	-0.09* (-2.05)
R^2	0.007	0.042	0.007	0.044
F	0.71 (0.51)	4.15 (0.02)	0.36 (0.71)	3.11 (0.05)
Hausman	F	F	F	F
观察值	70	70	70	70

注：Hausman 检验中，“F”表示采用个体固定效应模型，“R”表示采用随机效应模型。系数括号内为对应检验的 t 值，F 检验后括号内为 P 值。*、** 和 *** 分别表示 10%、5% 和 1% 的显著性。

表 2-11　重庆集聚龙头企业效益促进作用分析：LF

	Profit			
	(1)	(2)	(3)	(4)
$Profit_{LF}$	1.39 (0.88)	1.10 (0.66)		
$Profit_{LF}(-1)$			-0.47 (-0.78)	-0.04 (-0.05)
Profit(-1)	0.03 (0.16)	-0.00 (-0.02)	0.02 (0.08)	-0.02 (-0.07)
ln Sale(-1)		0.01* (2.03)		0.01 (1.51)
Export		0.00 (0.04)		-0.00 (-0.06)
常数项	-0.03 (-0.88)	-0.09 (-1.10)	0.01 (0.74)	-0.07 (-0.94)
R^2	0.022	0.053	0.004	0.041

续表

	Profit			
	(1)	(2)	(3)	(4)
F	0.43 (0.66)	3.94 (0.03)	0.60 (0.57)	1.08 (0.41)
Hausman	F	F	F	F
观察值	70	70	70	70

注：Hausman 检验中，“F”表示采用个体固定效应模型，“R”表示采用随机效应模型。系数括号内为对应检验的 t 值，F 检验后括号内为 P 值。*、** 和 *** 分别表示 10%、5% 和 1% 的显著性。

表 2-12　重庆集聚龙头企业效益促进作用分析：ZS

	Profit			
	(1)	(2)	(3)	(4)
$Profit_{ZS}$	0.08 (0.38)	0.02 (0.05)		
$Profit_{ZS}(-1)$			0.07 (0.15)	0.06 (0.13)
Profit(-1)	0.02 (0.07)	-0.02 (-0.07)	0.01 (0.07)	-0.02 (-0.08)
ln Sale(-1)		0.01 (1.72)		0.01 (1.56)
Export		-0.00 (-0.05)		-0.00 (-0.07)
常数项	-0.00 (-0.38)	-0.07 (-0.96)	-0.00 (-0.16)	-0.08 (-1.70)
R^2	0.001	0.041	0.001	0.041
F	0.19 (0.83)	3.04 (0.06)	0.01 (0.99)	3.75 (0.03)
Hausman	F	F	F	F
观察值	70	70	70	70

注：Hausman 检验中，“F”表示采用个体固定效应模型，“R”表示采用随机效应模型。系数括号内为对应检验的 t 值，F 检验后括号内为 P 值。*、** 和 *** 分别表示 10%、5% 和 1% 的显著性。

由表 2-10 至表 2-12 的结果，以 LX、LF 和 ZS 为龙头企业的回归中，龙头

企业和其他企业的效益指标不论是在同期还是滞后 1 期上均不存在显著的正向关系。由此，我们判定重庆集聚内的龙头企业对其他企业并不具有显著的效益拉动作用。推测其原因，依然在于集聚中可能存在的“挤占效应”。

第三章 “摩托车下乡”的影响分析

本章摘要

本章对2009年开始实施的“摩托车下乡”活动对摩托车销售的影响展开了研究。我们使用2007~2012年的样本，将企业分别分为平均定价较高和较低的组、企业规模较大和较小的组、出口比重较大和出口比重较小或不出口的组，展开倍差法（DID）分析。本章的主要研究结论如下：

1. 市场定位较低的企业来自“摩托车下乡”的获益更大。低定价企业销量的增长的倍数比高定价企业销量增长的倍数高14%~22%。对于这一实证结果，我们的理解是，农村居民收入较低。对产品的价格较为敏感，对于摩托车需求的价格弹性较大，因此，满足其基本需求的低价格摩托车更受欢迎。

2. 规模较小的企业来自“摩托车下乡”的获益更大。小企业销量增长的倍数比大企业销量增长的倍数高32%~116%。我们的理解是，在中国目前的生产环境下，规模小的企业产品大多定位于低端市场，由于农村居民收入较低，农村市场成为其主要的销售市场。规模大的企业则不同，其市场定位多元或主要瞄准高端市场，因此，农村市场相对而言并不是其主攻市场。由此，以开拓农村消费市场为主要目的的“摩托车下乡”对大企业而言相对促进作用较小。

3. 与出口比重较小的摩托车企业相比，出口比重较大的摩托车企业销售增长率较低。具体而言，低出口或不出口的企业销量的增长倍数，比高出口或不出口企业增长倍数高30%左右。我们的理解是，由于生产标准不同，出口比重较大的摩托车企业在短期内较难转向“内需”市场。由此我们推断，虽然在金融危机等悲观宏观环境下，出口受到打击，但“摩托车下乡”政策的主要获益者，还是以农村市场为主的企业，而相对较依赖于海外市场的企业则在短期获益较少，“出口转内销”效应不显著。

第一节 导言

面临经济衰退时，许多国家会采取直接刺激消费的财政政策刺激经济复苏，包括退税、补贴消费和发放购物券等措施。2006 年逐步发展及蔓延开来的全球金融危机，使我国的出口出现下滑。为了“扩大内需”，进一步发掘农村市场，我国于 2009 年初开始实施“家电下乡”政策。虽然摩托车不属于传统意义上的家电，但是摩托车是农村居民重要的交通工具和劳动工具，根据中国汽车工业协会对摩托车生产企业的调查统计发现，我国国内销售的摩托车 80% 左右是销往农村的（张大虎，2010）。鉴于农村居民对摩托车的庞大需求，2009 年 2 月，经国务院批准，财政部会同国家发展改革委等七部门联合印发《汽车摩托车下乡实施方案》（以下简称《方案》）。《方案》规定：2009 年 2 月 1 日至 2013 年 1 月 31 日，农民购买摩托车可按摩托车售价的 13% 享受补贴，最多补贴 650 元，这标志着“摩托车下乡”的正式启动。与其他下乡产品不同，实际上“摩托车下乡”基本属于普惠制，不同企业在面对农村市场具有了相同的机会。本书中来自《快讯》中的所有报数企业均属于“摩托车下乡”企业。从转移的意义上讲，“摩托车下乡”的财政补既是对农民的补贴也是对生产企业的补贴，推动了农村摩托车销售市场的发展。

根据中国汽车工业协会的数据，自从“摩托车下乡”政策实施以来，我国摩托车销售量大体上是呈上升趋势的，从 2009 年的 2542.77 万辆上升到 2011 年的 2700.52 万辆[①]，随着“摩托车下乡”的临近结束，2012 年摩托车销量有所下降，但总体来说，“摩托车下乡”对我国摩托车生产企业的正向刺激作用还是非常明显的。进一步的，“摩托车下乡”企业在市场定位和战略等各个方面存在差异，并且各个企业之间的产品替代性很高。那么，不同企业在面对同样的“下乡摩托车”制度，会获得什么样不同的业绩？例如，农村市场是否更偏好市场定位更高的产品？企业规模是否影响该企业产品在“摩托车下乡”过程中的销售能力？企业出口产品的多少是否影响企业对于产品标准的制定，进而影响农村市场对该产品的评价？一般认为，农村居民收入较低，那么，他们是更偏向于购买满足其基本需求的低定价产品，还是高价格产品？如果存在这样的消费偏好差异，那么，由于不同企业的定价标准不同，它们有可能在政策前后的销售量变化不一

① 数据根据《中国汽车工业协会（摩托车部分）产销快讯》2009 ~ 2011 年的部分统计数据整理而得。

致。基于这样的政策影响差异性，本章通过《快讯》中71家摩托车企业的样本，使用倍差法（Difference - in - Differences，DID）来研究财政补贴政策对不同市场定位的摩托车企业销售的影响，为政府补贴政策研究提供经验参考。根据数据的可获得性，我们将从定价差异、规模差异和出口比重差异三个方面来进行考察。

第二节 相关文献

“摩托车下乡”实际上是一种财政补贴，关于财政政策对经济的影响，学界已经有了丰富的研究，包括对消费、生产的影响等。

针对消费政策的研究，国外已有不少文献涉及，比如 Parker 等（2013）指出，美国2008年的减税与退税使人们在耐用消费品，尤其是在汽车的消费上有很大的提高。Johnson 等（2006）认为，2001年美国的退税有效地刺激了经济，有助于阻止衰退。Hsieh 等（2010）研究表明，1999年日本政府发放消费券导致消费者对耐用消费品的需求增加，但对非耐用消费品的影响却十分有限。许多中国学者对“家电下乡”中财政补贴政策对消费的影响以及“家电下乡”对农村居民消费的影响进行了论证与分析。概括起来，目前国内关于“家电下乡”的研究主要从对农村居民消费和企业的影响两个方面展开。

在对农村居民消费的影响方面，王文娟等（2011）研究认为，农村家电消费的潜力仍然巨大，农民收入是否能够进一步提高仍然是制约农村家电消费的主要影响因素。田洪刚（2011）的实证检验表明，“家电下乡”政策实施后，农村居民消费比实施前有所增加，但消费的收入弹性几乎没变。李敏（2011）运用 Probit 模型对“家电下乡”产品的影响因素进行了实证研究，认为农户家庭收入、消费支出倾向以及对“家电下乡”补贴政策的评价对农民消费意愿有明显的正向影响。郑筱婷等（2012）应用匹配倍差法就2002～2008年的县级数据评估“家电下乡”对户均消费的影响，研究发现，“家电下乡”并没有如预期的那样试点县户均消费高于非试点县，同时，对“家电下乡”的补贴也使得非补贴产品的价格出现相对上升，从而减少非补贴产品的当期消费。但是，刘虹和甘新玲（2009）比较了发放现金消费券和“家电下乡”的价格补贴方式的效率，在等额的政府支出下，采取发放现金消费券比价格补贴多增加11.5%的消费支出。

在对企业的影响方面，刘广明和王艳（2009）认为，目前“家电下乡”产品的最高限价普遍规定得比较低，一方面，极大地限制了农民的自主选择权，另一方面，阻碍了采用新技术以及限制了创新能力较高的企业发展。李海闻

(2010) 着重分析了“家电下乡”背景下国内企业面临的问题，包括品牌战略转型、农村消费者对品牌的了解等。

综上所述，已有的研究以定性分析为主，在实证分析文献中，较少有对企业层面的微观分析。本书采用企业层面面板数据进行分析，将可以更好地解释“摩托车下乡”的宏观表现的微观行为。本书揭示的关于财政补贴下定价与销售的关系，也可以填补国内实证分析的一些空白。

第三节　研究方法与数据

倍差法常用来分析某一公共政策的实施或者事件的发生所产生的影响，这一方法的应用研究一直受到学者们的青睐，如法律和劳动力市场研究（Eissa、Liebman，1996；Autor，2003；Autor 等，2007）、学校政策与教育研究（Hanushek、Wömann，2007；Waldinger，2010）、婚姻与家庭研究（Li 等，2011）、贸易自由化研究（Slaughte，2001）、官员行为与经济绩效（徐现祥等，2007）、基础设施与经济绩效（周浩、郑筱婷，2012）等。某个事件的发生使得社会中的一部分群体受到影响，而另一部分群体则没有受到任何影响，或者受到的影响小得多，因而它的发生类似于自然科学试验中对实验对象施加的处理，这种外生事件就叫作准实验或者自然实验。倍差法的研究思路就是将样本分为两组：一组是受事件影响的“处理组”（Treatment），另一组是未受事件影响的“控制组”（Control），通过比较处理组和控制组在事件发生前后同一指标的变化量，就可以衡量该事件所产生的影响效果。具体到本书，若要比较“摩托车下乡”对不同市场定位企业的影响，可以采用最为简单的均值比较法，即比较“摩托车下乡”之后，高定价的摩托车企业与低定价企业的销售或增长率的均值是否出现显著性差异，如果差异显著，我们可以认为“摩托车下乡”对不同定价的摩托车企业销售是有影响的，但是这种均值分析方法所需要的条件极其苛刻，即在“摩托车下乡”前后，其他因素是保持不变的，显然几乎没有一项政策变化满足这一条件。即使不考虑其他因素影响，不同定价的企业销售的变化在政策前后发生的显著性差异也有可能是时间趋势或共同的宏观因素造成的。倍差法可以一定程度上克服这一困难。在典型的倍差法分析中，控制组不受政策影响，那么在控制了其他因素后，处理组的变化就可以解释为完整的政策效应。本章的分析与此不同，处理组和控制组均受到政策影响，那么，倍差法中我们所关注的系数，就被解释为两组样本受到政策影响的差异，而不能够解释为完整的政策效应。

以定价差异分析为例说明。我们按照三种方法来划分处理组和控制组：按照平均定价的中位数进行排序，将所有样本划分为处理组和控制组；将摩托车平均价格最高和最低的20%划分为处理组与控制组；将摩托车平均价格最高和最低的10%划分为处理组与控制组。我们相信，使用这三种不同的样本归类方式，可以提高回归结果的稳健性。由于无法获得一家公司里面针对不同市场推出的产品价格，因此，对处理组和控制组的划分无法达到产品层面。我们将营业收入除以销售量作为平均定价来划分控制组和处理组，相信仍能基本区分高定价和低定价两类企业，或者是以高定价为主和以低定价为主两类企业首先需要确定处理组与控制组。除了平均定价以外，按照同样的方法，我们还将分析规模差异和出口比重差异的影响。

基本的倍差法回归方程如式（3-1）所示：

$$Y_{it} = \beta_0 + \beta_1 Treat_i + \beta_2 Post_t + \beta_3 Treat_i \times Post_t + \varepsilon_{it} \quad (3-1)$$

其中，下标i代表样本摩托车企业，t代表时间；Y是本书关心的被解释变量，代表与销售有关的变量，ε是其他可能起作用但没有被模型捕捉的因素。在方程中，$Treat_i=1$表示处理组，$Treat_i=0$为控制组；$Post_t=1$表示下乡后，$Post_t=0$表示下乡前。于是，样本被分成了四组。即“摩托车下乡”前处理组($Treat_i=1$，$Post_t=0$)、“摩托车下乡”后处理组($Treat_i=1$，$Post_t=1$)、“摩托车下乡”前控制组($Treat_i=0$，$Post_t=0$)以及“摩托车下乡”后控制组($Treat_i=0$，$Post_t=1$)。因此，对于处理组，“摩托车下乡”前有：$Y_{it}=\beta_0+\beta_1+\varepsilon_{it}$；“摩托车下乡”后有：$Y_{it}=\beta_0+\beta_1+\beta_2+\beta_3+\varepsilon_{it}$。处理组在“摩托车下乡”前后的差异为：$\beta_2+\beta_3$。对于控制组，“摩托车下乡”前有：$Y_{it}=\beta_0+\varepsilon_{it}$；“摩托车下乡”后有：$Y_{it}=\beta_0+\beta_2+\varepsilon_{it}$。控制组在“摩托车下乡”前后的差异为：$\beta_2$。由此，$\beta_3$刻画了处理组和控制组在“摩托车下乡”前后变化的差异，式(3-2)给出了一个数学表达。

$$\beta_3 = E(Y_{Treat_i=1,Post_t=1} - Y_{Treat_i=1,Post_t=0}) - E(Y_{Treat_i=0,Post_t=1} - Y_{Treat_i=0,Post_t=0}) \quad (3-2)$$

需要再次说明的是，目前大部分文献在使用倍差法进行分析时，控制组不受政策影响，在此情况下，β_3刻画的是完整的政策效应。与这些文献在倍差法中的经济学解释不一样，在本书的分析中，处理组和控制组均受到政策的影响，那么，β_3刻画的是处理组和控制组受到政策影响的差异。图3-1给出一个直观的理解。在图3-1中，假设只有一个样本，那么在政策前后，系数β_3刻画的是$\Delta Y_{Treatment}-\Delta Y_{Control}$，即处理组和控制组受到政策影响而变化的差异。

然而，正如前文提到的那样，倍差法的应用有着非常严格的条件限制，要求保持其他因素不受政策的影响，现实中找到完全符合条件的自然实验是非常困难的。为了能够尽可能保证本书所选样本满足上述两个条件，我们在式（3-1）的

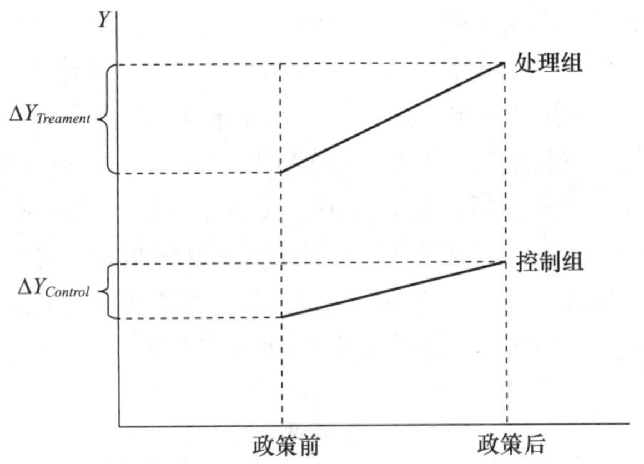

图 3-1 倍差法示意图

基础上，把摩托车销售增长率的其他影响因素作为控制变量纳入实证模型。这样便使得实证模型更符合现实情况，基于上述分析，我们将式（3-1）扩展为式（3-3），其中，X 为控制变量向量，α 为其系数向量，包含了影响销售的各个因素：出口、利润以及各个变量的滞后期等。

$$Y_{it} = \beta_0 + \beta_1 Treat_i + \beta_2 Post_t + \beta_3 Treat_i \times Post_t + \alpha X + \varepsilon_{it} \tag{3-3}$$

本书所用数据来源于 2007~2012 年《中国汽车工业（摩托车部分）产销快讯》，该出版物由中国汽车工业协会主办、中国汽车工业协会行业信息部承办，是由政府授权负责摩托车工业各类统计数据收集、整理、编辑的全面、权威、真实、快捷、实用综合统计期刊。本书所用企业样本涵盖了重庆、广东、江浙和其他地区的摩托车生产企业，所有这些企业不但覆盖面广而且类型全，包括了行业内具有重要地位的龙头企业以及定价标准不同的各类大型及中小型企业。提出剔除了数据缺乏两年以上的或重要变量（销售量、营业收入、利润总额、出口）数据不全的企业，剩下的 71 家企业数据仍不失一般性。这些企业大多分布于摩托车行业的三大板块，不论是从规模上看还是从效益上看，能基本覆盖整个摩托车行业的不同表现。

我们将销售量的自然对数（ln Sale）和销售量的增长率（G-Sale）作为被解释变量，以表示销售。在数据可获得性约束下，我们选择以下控制变量：①销售量的滞后一期的自然对数(ln Sale(-1))。企业上一期的销售数量可能会对本期的销售量产生影响，上一期的销售量好，企业产品的库存较少，企业就会有动力去生产，从而进一步开拓市场，增加销量。②利润率的滞后一期(Profit(-1))。由于企业生产是追求利润最大化的，上一期较好的效益可能会在一定程度上带动企业下期销售量的增加。我们使用利润除以营业收入来大致代表利润率。③出口量的自然对数（lnExport）。出口量贡献了摩托车销量的很大一部分，摩托车出口量相对比较稳定，维持在31% ~41%①，国际市场宏观因素的变化将可能影响企业的生产和销售，如经济危机可能直接减少出口量，同时也可能影响国内销售（因为出口和国内销售两种行为可能存在替代），由此加入企业出口量作为控制变量。④企业性质。考虑企业资本来源（中外合资、国有企业、民营企业）可能影响企业生产能力进而影响企业销售量，本书通过设置虚拟变量来隔离这种影响。另外，我们还在部分回归中控制地区（重庆、广东、江浙、其他地区）和时间（年份），以隔离区域和时间因素的影响。变量的描述性统计如表3－1所示。

表3－1 变量描述性统计

分组	指标	均值	标准差	最大值	最小值	样本
处理组	销售量的自然对数（ln Sale）	12.10	1.63	14.31	6.26	180
	销售量增长率（G－Sale）	－0.01	0.35	1.60	－0.84	180
	出口（ln Export）	11.02	1.85	13.28	4.43	180
	利润率（Profit）	－0.17	0.05	0.22	－0.91	180
控制组	销售量的自然对数（ln Sale）	11.30	1.45	14.92	7.40	175
	销售量增长率（G－Sale）	0.05	0.44	2.75	－0.88	175
	出口（ln Export）	10.13	1.66	13.28	4.45	175
	利润率（Profit）	－0.01	0.09	0.23	－0.21	175

第四节 平均定价差异的影响

不同企业的市场定位可以体现在定价上。由于我们无法获得各个企业各种产品的定价，我们只能通过平均定价来大致刻画企业的市场定位。某企业摩托车平均价格等于营业收入除以销售数量，我们分别采用3类不同的划分标准对处理组与控制组进行划分展开回归。平均定价较高的企业属于处理组，平均定价较低的企业为控制组。按中位数划分处理组和控制组的回归结果如表3－2中第一组结果所示。从回归结果我们可以看到，一方面，对于销售量而言，交叉项 Treat ×

① 数据根据《中国汽车工业协会（摩托车部分）产销快讯》公布的2003～2012年摩托车出口数量统计整理而得。

Post 的系数在 5% 水平上显著为负，如（1）～（3）列所示，说明“摩托车下乡”后，平均定价较高的企业与平均定价较低的企业相比，其销售增长较小。另一方面，以销售增长率作为被解释变量，结果显示，Treat × Post 的系数在 1% 水平上显著为负，如（4）～（6）列所示，与（1）～（3）列的结果一致。

对 71 家摩托车企业按照摩托车平均销售价的高低从大到小降序排列，把价格位于前 20% 的摩托车企业定义为处理组，把价格位于最后 20% 的摩托车企业定义为控制组。主要回归结果见表 3－2 第二组结果。销售量的自然对数和增长率分别如（1）～（3）列和（4）～（6）列所示，这两种回归结果我们可以看出，交叉项系数仍然在 5% 的水平上显著为负。我们将平均定价处于前 10% 的企业定义为处理组，把位于最后 10% 的企业定义为控制组，回归结果如表 3－2 第三组结果所示。交叉项系数仍在 5% 的水平上显著为负。

表 3－2 平均定价差异的影响分析结果汇总

	ln Sale			G－Sale		
	(1)	(2)	(3)	(4)	(5)	(6)
Post × Treat	－0.15** (－2.03)	－0.13** (－2.06)	－0.15** (－2.01)	－0.18*** (－2.19)	－0.18*** (－2.14)	－0.18*** (－2.16)
处理组/控制组	大于平均定价中位数/小于平均定价中位数					
Post × Treat	－0.20** (－2.20)	－0.19** (－2.16)	－0.19** (－2.25)	－0.21** (－2.61)	－0.23** (－2.67)	－0.20** (－2.57)
处理组/控制组	平均定价前 20%/平均定价后 20%					
Post × Treat	－0.19** (－2.14)	－0.19** (－2.10)	－0.20** (－2.22)	－0.24** (－2.48)	－0.30** (－2.67)	－0.28** (－2.70)
处理组/控制组	平均定价前 10%/平均定价后 10%					
Post	控制	控制	控制	控制	控制	控制
Treat	控制	控制	控制	控制	控制	控制
Profit (－1)	控制		控制	控制		控制
ln Sale (－1)	控制	控制	控制	控制	控制	控制
ln Export	控制	控制	控制	控制	控制	控制
企业类型	控制	控制	控制	控制	控制	控制
时间	控制			控制		
地区	控制	控制		控制	控制	

注：括号对应检验的 t 值。*、** 和 *** 分别表示 10%、5% 和 1% 的显著性。本结果使用 Stata 进行回归，使用 Robust 修正估计。更为详细的回归结果见附录 5 的附表 5－1 至附表 5－3。

由此，回归结果是稳健的。即平均定价较高的企业销售量及增长率小于平均定价较低的企业。这可以理解为，市场定位较低的企业来自“摩托车下乡”的获益更大。对于这一实证结果，我们的理解是，农村居民收入较低，对产品的价格较为敏感，对于摩托车需求的价格弹性较大，因此，满足其基本需求的低价格摩托车更受欢迎。进一步的，我们对 ln Sale 的回归系数进行解读。基于三种处理组和控制组的划分方法进行的回归系数为 -0.13 ~ -0.20，其经济意义是：低定价企业销量的增长的倍数比高定价企业销量增长的倍数高 14% ~22%。①

第五节　企业规模差异的影响

以上内容我们分析了平均定价不同的企业在“摩托车下乡”中的不同表现。本节我们转向企业规模差异的影响。企业规模的大小与企业可支配的资源、管理能力、技术水平、市场适应能力和市场开拓能力等有关系。因此，在面临同样的“摩托车下乡”政策时，有可能有不同的表现。

同前面所指出的方法，首先对数据较完整的 71 家摩托车生产企业样本 2007 ~2012 年部分面板数据进行对数化处理，然后，我们依然分别采用 3 类不同的划分标准对处理组与控制组进行划分展开回归。我们使用营业收入来度量企业规模，企业规模大的一组为处理组。首先，按中位数划分处理组和控制组的回归结果如表 3 -3 第一组结果所示。从回归结果我们可以看到，一方面，对于销售量而言，交叉项 Treat × Post 的系数在 1% 水平上显著为负，如（1）~（3）列所示，说明“摩托车下乡”后，生产规模较大的摩托车生产企业与生产规模较小的摩托车生产企业相比，其销售增长较小。另一方面，以销售增长率作为被解释变量，结果显示，Treat × Post 的系数在 1% 水平上显著为负，如（4）~（6）列所示，与（1）~（3）列的结果一致。

表 3 -3　企业规模差异的影响分析结果汇总

	ln Sale			G - Sale		
	（1）	（2）	（3）	（4）	（5）	（6）
Post × Treat	-0.30*** （-6.96）	-0.29*** （-6.86）	-0.28*** （-6.68）	-0.28*** （-6.43）	-0.28*** （-6.31）	-0.28*** （-6.48）

① 即（$e^{0.13}-1$）×100% 至（$e^{0.20}-1$）×100%。

续表

	ln Sale			G - Sale		
	(1)	(2)	(3)	(4)	(5)	(6)
处理组/控制组	大于规模中位数/小于规模中位数					
Post × Treat	-0.42*** (-5.39)	-0.41*** (-5.58)	-0.42*** (-5.95)	-0.42*** (-4.65)	-0.44*** (-4.74)	-0.40*** (-4.87)
处理组/控制组	规模前 20%/规模后 20%					
Post × Treat	-0.77*** (-4.56)	-0.75*** (-4.68)	-0.62*** (-4.67)	-0.86*** (-3.88)	-0.84*** (-3.64)	-0.64*** (-4.00)
处理组/控制组	规模前 10%/规模后 10%					
Post	控制	控制	控制	控制	控制	控制
Treat	控制	控制	控制	控制	控制	控制
Profit (-1)	控制		控制	控制		控制
ln Sale (-1)	控制	控制	控制	控制	控制	控制
ln Export	控制	控制	控制	控制	控制	控制
企业类型	控制	控制	控制	控制	控制	控制
时间	控制			控制		
地区	控制	控制		控制	控制	

注：括号对应检验的 t 值。*、** 和 *** 分别表示 10%、5% 和 1% 的显著性。本结果使用 Stata 进行回归，使用 Robust 修正估计。更为详细的回归结果见附录 5 的附表 5-4 至附表 5-6。

接着，对 71 家摩托车企业按照摩托车生产企业营业收入的高低从大到小降序排列，把营业收入位于前 20% 的摩托车企业定义为处理组，代表生产规模较大的摩托车企业，把营业收入位于最后 20% 的摩托车企业定义为控制组，代表生产规模较小的摩托车企业。具体回归结果见表 3-3 第二组结果。销售量和增长率，分别如（1）~（3）列和（4）~（6）列所示，这两种回归结果我们可以看出，交叉项系数仍然在 1% 的水平上显著为负。最后，我们将营业收入前 10% 的企业定义为处理组，把位于营业收入最后 10% 的企业定义为控制组，回归结果如表 3-3 第三组结果所示。交叉项系数仍在 1% 的水平上显著为负。由此，回归结果是稳健的。即规模较大的企业销售量及增长率小于生产规模较小的企业。这可以理解为，规模较小的企业来自“摩托车下乡”的获益更大。对于这一实证结果，我们的理解是，在中国目前的生产环境下，规模小的企业产品大多定位于低端市场，而由于农村居民收入较低，农村市场成为其主要的销售市场。规模大的企业则不同，其市场定位多元或主要瞄准高端市场，因此，农村市场相对而言并不是其主攻市场。由此，以开拓农村消费市场为主要目的的“摩托车下乡”对大企业而言相对促进作用较小。进一步的，我们对 ln Sale 的系数进行解读。基于三种处理组和控制组的划分方法进行的回归系数为 -0.28 ~ -0.77，其经济意义是：小企业销量增长的倍数比大企业销量增长的倍数高 32% ~116%。①

第六节　出口比重差异的影响

农村市场属于“内需”的范畴，因此，企业出口比重的大小决定了企业产品可以瞄准“内需”市场的能力和偏好，这有可能受到“摩托车下乡”的不同影响。另外，是否存在“出口转内销”效应，也可以通过本节的分析加以推断。这次我们计算所有 71 家企业出口量与销售量的比重，定义为出口比重，对平均出口比重大于 50% 的企业定义为处理组②，反之定义为控制组。因此，处理组代表出口比重大的企业，而控制组代表出口比重小和没有出口的企业。回归结果如表 3-4 所示。从回归结果我们可以看到，一方面对于销售量而言，交叉项 Treat × Post 的系数在 1% 水平上显著为负，如（1）~（3）列所示，说明“摩托车下乡”后，出口比重较大的摩托车生产企业与出口比重较小的摩托车生产企业相比，其销售增长较小。另一方面，以销售增长率作为被解释变量，结果显示，Treat × Post 的系数在 1% 水平上显著为负，如（4）~（6）列所示，表明与出口比重较小的摩托车企业相比，出口比重较大的摩托车企业销售增长率较低。对于这一实证结果，我们的理解是，由于生产标准不同，出口比重较大的摩托车企业在短期内较难转向“内需”市场。由此我们推断，虽然在金融危机等悲观宏观环境下，出口受到打击，但“摩托车下乡”政策的主要获益者，还是以农村市场为主的企业，而相对较依赖于海外市场的企业则在短期获益较少，“出口转内销”效应不显著。进一步的，我们对 ln Sale 的系数进行解读。系数 -0.26 意味着，低出口或不出口的企业销量的增长倍数，比高出口或不出口企业增长倍数高 30% 左右。③

① 即 $(e^{0.28}-1)\times 100\%$ 至 $(e^{0.77}-1)\times 100\%$。

② 此处不再按照高低 10%、20% 的方式来划分处理组和控制组，因为大多数摩托车企业出口比重相对恒定，保持在 41% 左右，所以把出口比重大于 50% 设定为处理组可以很好地与控制组区分开来，也可较好地区别有出口和无出口的情况，与实际情况较为相符。

③ 即 $(e^{0.26}-1)\times 100\%$。

表 3-4 出口比重差异的影响分析结果摘要

	ln Sale			G - Sale		
	(1)	(2)	(3)	(4)	(5)	(6)
Post × Treat	-0.26*** (-6.44)	-0.26*** (-6.33)	-0.26*** (-6.19)	-0.25*** (-6.02)	-0.25*** (-5.99)	-0.25*** (-6.08)
处理组/控制组	大于出口比重 50%/小于出口比重 50%					
Post	控制	控制	控制	控制	控制	控制
Treat	控制	控制	控制	控制	控制	控制
Profit (-1)	控制		控制	控制		控制
ln Sale (-1)	控制	控制	控制	控制	控制	控制
ln Export	控制	控制	控制	控制	控制	控制
企业类型	控制	控制	控制	控制	控制	控制
时间	控制			控制		
地区	控制	控制		控制	控制	

注：括号对应检验的 t 值。本结果使用 Stata 进行回归，使用 Robust 修正估计。更为详细的回归结果见附录 5 的附表 5-7。

第七节 稳健性检验

前文我们分别分析了企业平均定价、规模和出口比重存在差异的企业在“摩托车下乡”背景下的不同表现。为了进一步验证结果的稳健性，我们进行 Placebo 检验。Placebo 检验是倍差法或其他事件分析文献中常用的一种稳健性检验办法，如 Abadie 和 Gardeazabal（2003）、DellaVigna 和 Kaplan（2007）、Waldinger（2010）、La Ferrara 等（2012）。Placebo 检验的基本思路是：根据其他有可能影响研究结果的经济规律，构造虚假的处理组和控制组，通过倍差法等回归，观察我们所关注的系数是否显著；如果显著，则说明原处理组的事件效果有可能是偶然或随机的；反之，则可降低这种可能性。

由于不同的地区经济发展水平、农村市场的发育、地理位置、政策执行效率等存在差异，那么，前文所述的影响是不是由于地域因素引起的？于是，我们将按地区重新划分处理组与控制组进行回归，以确认该问题是否可能发生。另外，政策时间也是 Placebo 检验里面经常关注的问题。我们将设置错误的政策时间进行回归，观察其交叉项系数。如果 Placebo 检验的结果不显著，则说明本节研究结果并不是偶然的。

一、按地域划分处理组和控制组

为了考察地理因素是否在“摩托车下乡”中扮演一定的角色，我们使用广东为处理组，江浙为控制组进行回归；广东为处理组，重庆为控制组进行回归；广东为处理组，其他地区为控制组进行回归；江浙为处理组，重庆为控制组进行回归；江浙为处理组，其他地区为控制组进行回归；重庆为处理组，其他地区为控制组进行回归。关键的交叉项系数汇总表如表 3 – 5 所示，具体回归结果见附录 6 中的附表 6 – 1 至附表 6 – 6。

表 3 – 5　Placebo 检验汇总：按地域划分处理组与控制组

	ln Sale			G – Sale		
	(1)	(2)	(3)	(4)	(5)	(6)
Post × Treat	0. 01 (0. 06)	0. 01 (0. 04)	0. 01 (0. 07)	−0. 03 (−0. 31)	−0. 03 (−0. 30)	−0. 03 (−0. 37)
处理组	广东	广东	广东	广东	广东	广东
控制组	江浙	江浙	江浙	江浙	江浙	江浙
Post × Treat	0. 15 (1. 28)	0. 15 (1. 25)	0. 15 (1. 29)	0. 14 (1. 23)	0. 14 (1. 22)	0. 14 (1. 24)
处理组	广东	广东	广东	广东	广东	广东
控制组	重庆	重庆	重庆	重庆	重庆	重庆
Post × Treat	0. 03 (0. 29)	0. 03 (0. 24)	0. 04 (0. 32))	0. 07 (0. 53)	0. 06 (0. 52)	0. 07 (0. 55)
处理组	广东	广东	广东	广东	广东	广东
控制组	其他	其他	其他	其他	其他	其他
Post × Treat	0. 12 (1. 18)	0. 12 (1. 19)	0. 12 (1. 19))	0. 16 (1. 46)	0. 16 (1. 45)	0. 16 (1. 46)
处理组	江浙	江浙	江浙	江浙	江浙	江浙
控制组	重庆	重庆	重庆	重庆	重庆	重庆
Post × Treat	0. 03 (0. 30)	0. 03 (0. 30)	0. 04 (0. 30)	0. 10 (0. 72)	0. 09 (0. 69)	0. 09 (0. 72)
处理组	江浙	江浙	江浙	江浙	江浙	江浙
控制组	其他	其他	其他	其他	其他	其他

续表

	ln Sale			G - Sale		
	(1)	(2)	(3)	(4)	(5)	(6)
Post × Treat	-0.08 (-0.73)	-0.08 (-0.72)	-0.09 (-0.72)	-0.06 (-0.50)	-0.06 (-0.50)	-0.06 (-0.50)
处理组	重庆	重庆	重庆	重庆	重庆	重庆
控制组	其他	其他	其他	其他	其他	其他
企业类型	控制	控制	控制	控制	控制	控制
时间	控制			控制		

注：括号对应检验的 t 值。本结果使用 Stata 进行回归，使用 Robust 修正估计。

表 3-5 的销售量和增长率分别如（1）~（3）列和（4）~（6）列所示，这两种回归结果我们可以看出，所有交叉项 Treat × Post 的系数均不显著，说明地域因素在"摩托车下乡"中的影响并不显著，从而提高了平均定价、规模和出口比重等因素分析结论的稳健性。

二、设置虚假的政策时间

设置虚假的政策时间进行比较分析是 Placebo 检验中常用的方法，它用于评估随时间变化的其他因素的作用是否被误判为政策效应。我们把政策的节点分别设定为 2010 年、2011 年、2012 年，用于与 2009 年的"摩托车下乡"政策时间的结果进行比较。回归结果的关键系数列于表 3-6、表 3-7、表 3-8 中，具体回归结果见附录 6 中的附表 6-7 至附表 6-27。

表 3-6 Placebo 检验汇总：平均定价/设置虚假的政策时间

	ln Sale			G - Sale		
	(1)	(2)	(3)	(4)	(5)	(6)
Post × Treat	-0.11 (-1.10)	-0.22 (-1.96)	-0.21 (-1.98)	-0.11 (-1.11)	-0.23 (-1.92)	-0.20 (-0.98)
虚假政策时间（年）	2010	2010	2010	2010	2010	2010
Post × Treat	-0.12 (-1.07)	-0.24 (-1.39)	-0.21 (-1.02)	-0.11 (-1.06)	-0.20 (-1.67)	-0.17 (-1.82)
虚假政策时间（年）	2011	2011	2011	2011	2011	2011

续表

	ln Sale			G - Sale		
	(1)	(2)	(3)	(4)	(5)	(6)
Post × Treat	-0.24 (-1.94)	-0.18 (-1.24)	-0.17 (-1.10)	-0.25 (-1.09)	-0.16 (-1.52)	-0.11 (-1.35)
虚假政策时间（年）	2012	2012	2012	2012	2012	2012
企业类型	控制	控制	控制	控制	控制	控制
时间	控制			控制		
地区	控制	控制		控制	控制	
处理组/控制组	高于平均定价中位数/低于平均定价中位数					
Post × Treat	-0.07 (-0.57)	-0.06 (-0.42)	-0.06 (-0.41)	-0.02 (-0.16)	-0.04 (-0.32)	-0.01 (-0.07)
虚假政策时间（年）	2010	2010	2010	2010	2010	2010
Post × Treat	0.04 (0.25)	0.04 (0.28)	0.04 (0.32)	0.12 (0.83)	0.10 (0.73)	0.12 (0.87)
虚假政策时间（年）	2011	2011	2011	2011	2011	2011
Post × Treat	-0.05 (-0.32)	-0.05 (-0.31)	-0.05 (-0.37)	0.02 (0.13)	0.01 (0.09)	0.02 (0.13)
虚假政策时间（年）	2012	2012	2012	2012	2012	2012
企业类型	控制	控制	控制	控制	控制	控制
时间	控制			控制		
地区	控制	控制		控制	控制	
处理组/控制组	平均定价前20%/平均定价后20%					
Post × Treat	-0.01 (-0.04)	-0.01 (-0.02)	0.02 (0.08)	-0.02 (-0.04)	-0.06 (-0.30)	0.01 (0.02)
虚假政策时间（年）	2010	2010	2010	2010	2010	2010
Post × Treat	0.11 (0.47)	0.10 (0.43)	0.11 (0.52)	0.20 (0.89)	0.15 (0.72)	0.20 (0.92)
虚假政策时间	2011	2011	2011	2011	2011	2011
Post × Treat	-0.11 (-0.38)	-0.12 (-0.41)	-0.11 (-0.39)	0.11 (0.48)	-0.12 (-0.41)	0.10 (0.44)
虚假政策时间（年）	2012	2012	2012	2012	2012	2012
企业类型	控制	控制	控制	控制	控制	控制
时间	控制			控制		
地区	控制	控制		控制	控制	
处理组/控制组	平均定价前10%/平均定价后10%					

注：括号对应检验的 t 值。本结果使用 Stata 进行回归，使用 Robust 修正估计。

表 3-7 Placebo 检验汇总：企业规模/设置虚假的政策时间

	ln Sale			G-Sale		
	(1)	(2)	(3)	(4)	(5)	(6)
Post × Treat	-0.23 (-1.67)	-0.14 (-1.05)	-0.13 (-1.53)	-0.37 (-1.44)	-0.28 (-1.06)	-0.30 (-1.05)
虚假政策时间（年）	2010	2010	2010	2010	2010	2010
Post × Treat	-0.31 (-1.03)	-0.13 (-1.98)	-0.14 (-1.98)	-0.43 (-1.43)	-0.28 (-1.45)	-0.29 (-1.39)
虚假政策时间（年）	2011	2011	2011	2011	2011	2011
Post × Treat	-0.24 (-1.48)	-0.14 (-1.57)	-0.15 (-1.20)	-0.41 (-1.61)	-0.27 (-1.36)	-0.28 (-1.35)
虚假政策时间（年）	2012	2012	2012	2012	2012	2012
企业类型	控制	控制	控制	控制	控制	控制
时间	控制			控制		
地区	控制	控制		控制	控制	
处理组/控制组	高于中位数/低于中位数					
Post × Treat	-0.04 (-0.28)	-0.01 (-0.03)	-0.01 (-0.11)	-0.01 (-0.10)	-0.03 (-0.21)	0.01 (0.02)
虚假政策时间（年）	2010	2010	2010	2010	2010	2010
Post × Treat	-0.06 (-0.48)	-0.04 (-0.31)	-0.05 (-0.31)	-0.06 (-0.41)	-0.07 (-0.50)	-0.05 (-0.32)
虚假政策时间（年）	2011	2011	2011	2011	2011	2011
Post × Treat	-0.03 (-0.20)	-0.03 (-0.18)	-0.04 (-0.20)	-0.01 (-0.12)	-0.02 (-0.14)	-0.02 (-0.12)
虚假政策时间（年）	2012	2012	2012	2012	2012	2012
企业类型	控制	控制	控制	控制	控制	控制
时间	控制			控制		
地区	控制	控制		控制	控制	
处理组/控制组	企业规模前 20%/企业规模后 20%					

续表

	ln Sale			G－Sale		
	(1)	(2)	(3)	(4)	(5)	(6)
Post × Treat	－0.01 (－0.02)	0.04 (0.19)	－0.01 (－0.05)	0.07 (0.31)	－0.04 (－0.21)	－0.01 (－0.05)
虚假政策时间（年）	2010	2010	2010	2010	2010	2010
Post × Treat	0.02 (0.11)	0.07 (0.30)	0.03 (0.14)	－0.37 (－1.44)	0.04 (0.22)	0.07 (0.30)
虚假政策时间（年）	2011	2011	2011	2011	2011	2011
Post × Treat	－0.08 (－0.24)	－0.06 (－0.21)	－0.07 (－0.25)	0.02 (0.11)	0.01 (0.02)	0.02 (0.05)
虚假政策时间（年）	2012	2012	2012	2012	2012	2012
企业类型	控制	控制	控制	控制	控制	控制
时间	控制			控制		
地区	控制	控制		控制	控制	
处理组/控制组	企业规模前10%/企业规模后10%					

注：括号对应检验的t值。本结果使用Stata进行回归，使用Robust修正估计。

表3－8　Placebo检验汇总：出口比重/设置虚假的政策时间

	ln Sale			G－Sale		
	(1)	(2)	(3)	(4)	(5)	(6)
Post × Treat	－0.13 (－0.66)	－0.38 (－1.39)	－0.38 (－1.90)	－0.36 (－1.25)	－0.32 (－1.24)	－0.36 (－0.98)
虚假政策时间（年）	2010	2010	2010	2010	2010	2010
Post × Treat	－0.37 (－1.92)	－0.31 (－1.66)	－0.32 (－0.94)	－0.40 (－1.24)	－0.30 (－1.44)	－0.20 (－1.70)
虚假政策时间（年）	2011	2011	2011	2011	2011	2011
Post × Treat	－0.45 (－1.68)	－0.34 (－0.99)	－0.34 (－1.32)	－0.49 (－1.39)	－0.33 (－1.62)	－0.28 (－1.04)
虚假政策时间（年）	2012	2012	2012	2012	2012	2012
企业类型	控制	控制	控制	控制	控制	控制
时间	控制			控制		
地区	控制	控制		控制	控制	
处理组/控制组	高于50%/低于50%					

注：括号对应检验的t值。本结果使用Stata进行回归，使用Robust修正估计。

从表3－5至表3－8中的销售量和增长率两种回归结果我们可以看出，分别以定价、规模、出口差异划分处理组与控制组的回归结果中，交叉项 Treat × Post 的系数并不显著，说明时间效应对不同企业的影响是不存在的，从而进一步提高了关于“摩托车下乡”的影响的稳健性。

第四章　摩托车行业发展的其他问题

本章摘要

本章对摩托车用钢成本的影响、信息化与公司治理、“禁摩”问题以及未来发展等摩托车行业的其他发展问题进行了分析，主要内容和结论如下：

1. 摩托车制造的用钢量很大，钢材价格对摩托车成本的影响很大。由于菜单成本等因素，摩托车销售价格的波动并不频繁，因此，钢材价格的波动对每车利润的影响较大。分析表明，钢材价格波动1%，平均每车利润下降58% ~80%。

2. 通过对摩托车企业信息化的调研，发现信息化条件下公司治理模式的变革主要表现为信息化主管职能的变迁导致的知识结构的改变，即由具有专门性知识的技术主管转变为异质性强的跨领域知识管理者。

3. 本书还对“禁摩”政策和摩托车行业未来发展的特点进行了访谈，借鉴我国台湾地区摩托车的发展，本书认为，随着城市治理水平的提高，“禁摩”政策可以在尊重居民使用摩托车的权利条件下进行调整。

4. 在发展趋势上，城镇居民人均总收入提高1%，每百户家庭摩托车拥有量下降4.41% ~6.42%；农村居民人均纯收入提高1%，每百户家庭摩托车拥有量下降1.56% ~2.05%。对于未来摩托车行业的发展，本书认为，应着眼于发展高端消费市场、拓展农村市场和海外市场，以及关注“禁摩”政策取消的可能性。

第一节 钢材价格的影响

钢材作为重要的原材料，在制造业中发挥着重要的作用，因此，钢材价格的走势、钢材需求和生产等成为大家关注的问题。摩托车各个配件的用钢量是比较大的，钢材价格成为摩托车成本的重要影响因素。由于菜单成本等因素，摩托车销售价格并不会频繁地改变，因此，钢材价格的波动便较为显著地影响了每辆摩托车的利润。图 4－1 描述了滞后 1 期（月）的钢材价格指数与每车利润的关系。由图可以较为明显地观察出二者之间存在负向关系①。下面，我们考察每车利润对于钢材价格变动的敏感性。

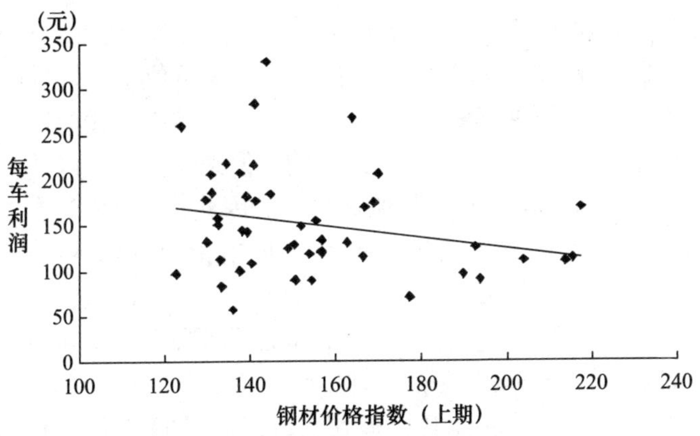

图 4－1 （全国）钢材价格与每车利润关系

摩托车各数据来自《快讯》2007～2010 年月度数据。我们根据这些数据对全国进行了加总。钢材价格指数来自“我的钢铁网钢材价格指数”（My steel price indices of China，Myspic）的综合价格指数。② 一般而言，从钢材的购买到

① 附录 7 中附图 7－1 至附图 7－3 给出了全国滞后 2、3、4 期钢材价格指数与每车利润的散点图。另外，附录 7－4 至附图 7－19 给出了分板块描绘的钢材价格指数与每车利润的关系。总体而言，滞后 4 期的钢材价格指数与每车利润的负向关系最为明显；就分板块比较而言，重庆板块和广东板块最为显著。

② 该指数是“我的钢铁网”针对国内钢材市场特征，按照代表性、系统性、稳定性和科学性的原则，编制的钢材价格指数体系。综合指数是采用长材和扁平材进行综合加权，用于全面反映国内普钢市场价格走势和波动状况，参见 http：//www. mysteel. com/。

产品生产完成，需要 30 ~90 天，再由零售商销往客户，需要 25 ~40 天。根据这个事实，在回归中，我们使用滞后 1 ~4 期（月）的钢材价格指数作为解释变量。另外，我们还控制了营业收入用以表示企业规模的影响；控制了生产数量的增长率用以表示企业的成长性；控制了月份固定效应，以控制月度季节性波动因素。样本的统计性描述如表 4 –1 所示。

表 4 –1　样本描述性统计

指标	含义	观察值	最大值	最小值	均值	标准差
Profit_Rate	每车利润（元）	47	329.46	56.80	150.62	57.81
Steel	钢材价格指数	48	217.40	122.60	154.55	24.72
Income	营业收入（万元）	44	1770809	782432	1015598	209745.10
Growth	生产数量增长率（%）	47	137.96	68.43	101.34	13.30

基本回归结果如表 4 –2 所示。分析表明，滞后 1 期、2 期、3 期、4 期的钢材价格指数的系数均在 5% ~10% 的显著性水平上呈负值。结果说明，钢材价格波动 1%，平均每车利润下降 58% ~80%。对于这个结果，我们需要开展一些稳健性讨论。虽然每车利润受到钢材价格的影响，但是除了钢材以外，摩托车的制造成本还包括其他方面，如人力和其他材料等。因此，表 4 –2 的结果是否具有偶然性有待商榷。为此，笔者收集了消费者价格指数（Consumer Price Index，CPI）和工业生产者购进价格指数（Producer Price Index，PPI），这两个指数可以从不同方面衡量其他成本的波动，那么，下面需要考察看每车利润是否也和这两个指数有关。如果这类回归是显著的，那么说明钢材价格对每车利润的影响并不重要，其他成本的波动也可以影响每车利润；但如果回归表明不显著，那么说明，以上我们关于每车利润受钢材价格影响是显著存在的，我们得出的结论是稳健的。稳健性回归结果见表附录 8 的附表 8 –1 至附表 8 –3。根据数据的可获得性，附表 8 –1 是采用环比 CPI 进行分析的结果，附表 8 –2 和附表 8 –3 是使用同比 CPI 和 PPI 进行分析的结果。结果表明，滞后 1 ~4 期的 CPI 和 PPI 系数均不显著，说明它们对每车利润均没有显著性影响①。由此，本节关于每车利润受到钢材价格波动显著影响的结论，是稳健的。

① 附录 8 中附图 8 –1 至附图 8 –12 给出了对应的散点图。

表 4－2　钢材价格影响的回归结果

	Profit_Rate							
	(1)	(2)	(3)	(4)	(5)	(6)	(7)	(8)
$Steel_{Lag\ 1}$	－0.58 * (－1.75)	－0.67 ** (－2.36)						
$Steel_{Lag\ 2}$			－0.77 ** (－2.33)	－0.67 ** (－2.41)				
$Steel_{Lag\ 3}$					－0.80 ** (－2.44)	－0.64 ** (－2.23)		
$Steel_{Lag\ 4}$							－0.80 ** (－2.44)	－0.65 ** (－2.29)
Income		控制		控制		控制		控制
Growth		控制		控制		控制		控制
Month		控制		控制		控制		控制
常数项	240.83 *** (4.60)	－30.28 (－0.24)	268.24 *** (5.22)	32.89 (0.25)	274.48 *** (5.34)	67.46 (0.48)	275.14 *** (5.38)	158.52 (1.07)
Adj. R^2	0.0426	0.4045	0.0899	0.5954	0.1012	0.3905	0.1029	0.3965
观察值	47	44	46	43	45	42	44	41
样本	2007～2010 年，月度							

注：括号内为检验的 t 值。Lag 1、Lag 2、Lag 3、Lag 4 分别表示滞后 1 期、滞后 2 期、滞后 3 期、滞后 4 期。由于《快讯》中缺少部分月度数据，故样本量有所缺失。

进一步的，通过表 4－3，我们获得关于钢材价格影响的弹性分析结果。此时，被解释变量为每车利润的自然对数，解释变量为滞后 1～4 期钢材价格指数的自然对数。同时，控制变量营业收入也改为对数形式，而生产数量增长率和月度固定效应保持不变。由此，钢材价格指数的自然对数的回归系数就可理解为每车利润的钢材价格弹性。由于生产的滞后性，滞后 2～4 期的影响更为显著。综合滞后 1～4 期的回归结果，每车利润的钢材价格弹性为－0.82～－0.99。即钢材价格指数上升 1%，引起每车利润下降 0.82%～0.99%，接近单位弹性。

表 4-3 钢材价格影响的弹性分析结果

	ln Profit_Rate							
	(1)	(2)	(3)	(4)	(5)	(6)	(7)	(8)
ln $Steel_{Lag\ 1}$	-0.58 (-1.63)	-0.82** (-2.54)						
ln $Steel_{Lag\ 2}$			-0.86** (-2.50)	-0.90*** (-2.88)				
ln $Steel_{Lag\ 3}$					-0.94*** (-2.73)	-0.89*** (-2.79)		
ln $Steel_{Lag\ 4}$							-0.99*** (-2.95)	-0.92*** (-3.01)
ln Income		控制		控制		控制		控制
Growth		控制		控制		控制		控制
Month		控制		控制		控制		控制
常数项	7.87*** (4.40)	-10.57 (-1.55)	9.28*** (5.35)	-9.16 (-1.35)	9.65*** (5.59)	-8.56 (-1.18)	9.92*** (5.90)	-2.69 (-0.37)
Adj. R^2	0.0350	0.3636	0.1044	0.3884	0.1277	0.3732	0.1522	0.3896
观察值	47	44	46	43	45	42	44	41
样本	2007~2010 年，月度							

注：括号内为检验的 t 值。下标 Lag 1、Lag 2、Lag 3、Lag 4 分别表示滞后 1 期、滞后 2 期、滞后 3 期、滞后 4 期。本结果使用 Stata 进行回归。由于《快讯》中缺少部分月度数据，故样本量有所缺失。

第二节 信息化与公司治理[①]

信息化是 20 世纪 90 年代以来企业发展的一个普遍特征，是实现知识有效管理的途径之一。企业信息化建设提高了组织绩效，企业资源计划系统（Enterprise Resource Planning，ERP）是目前企业信息化建设的主要表现形式。相当多的学者的研究证明了 ERP 实施对绩效提升的正向作用，例如，Davenport（1998）、

① 该部分的研究主要基于对摩托车企业高管的访谈而进行，部分内容来自周泳宏和陈金华（2009）。

Akkermans（1999）、王立彦等（2007）、曾建光等（2012）、饶艳超和陈烨（2012）等。然而中国目前信息系统的实施效率却较低，分析其因素，主要在于以下几个方面的条件限制：高层管理者的支持、教育和培训、业务流程重组、项目管理、数据精确度和完整性、供应商的支持、软硬件的适应性、用户特征、公司范围内的支持、用户参与、组织不接轨等（孙长东，2002；张喆等，2005；赵泉午等，2008；毛基业、王伟，2012；等）。

信息属于知识的范畴，因此，信息化成为实现知识的有效管理的途径之一，而企业的知识"瓶颈"则是信息化的重要阻碍（陈文波等，2010）。实施在项目管理的思想和注重"以人为本"的理念下，知识管理者职能、能力等问题影响了信息化建设的成败。随着信息化程度的提高，共享知识的异质性增强，要求知识管理者的职能也随之改变。由此，信息化进程中主管人员的角色、定位应该成为分析的关键。然而，目前的研究并没有从知识管理的角度考察信息主管职能与信息化建设之间的关系，使得组织治理结构与企业信息化关联关系的研究存在空缺，这忽略了引起信息化建设失败的一个重要因素。本节以此为切入点，通过对代表性摩托车企业的访谈和调研，阐述摩托车企业信息化建设的阶段性、知识异质性与信息化主管职能设置之间的关系，为知识管理政策提供借鉴。

摩托车行业属于传统的制造业，需要在信息化条件下进行产业升级，实现成本的下降和组织绩效的提高。从公司治理的角度观察，随着信息化程度的提高，共享知识的异质性增强，要求知识管理者的职能也随之改变。由此，信息化进程中主管人员的角色、定位应该成为变革的关键。为适应这一发展，摩托车企业在公司治理结构上也进行了变革，以提高核心竞争力。在本节，我们通过三家著名摩托车企业（WY、WB、LX）① 的案例对比描述这一进程。

WY 在信息化建设过程中经历了单部门信息化到跨部门协同的转变，早期的信息化在财务部门和产品研发部门展开，这时对信息化管理者的要求重点是强调其对计算机技术的掌握，往往"技"而优则"管"，企业计算机技术水平最高的员工自然成为信息化主管。在该阶段，信息化主管的跨领域综合知识不足以直接影响该企业信息化的进程。随着信息化跨入部门协同阶段，主管职能设置的转变进入企业变革视野。

WB 自 20 世纪 90 年代初起，先后实施了 MRP、MRP Ⅱ 和 ERP②，信息化关注点逐步转向销售、供应等工作，信息化与业务部门的工作紧密相连。在企业内具有跨部门工作经验的技术人员成为信息化最高管理者的重点人选。他们对财务

① 在此使用企业代码。

② MRP（Material Requirement Planning）物料需求计划；MRP Ⅱ（Manufacturing Resource Planning）制造企业资源计划；ERP（Enterprise Resource Planning）企业资源计划系统。

与供应、销售与研发、销售与财务等部门之间的业务流程和联系具有比较清晰的认识，具有对本企业日常运作和管理的隐性知识。为使信息化管理工作更加有效，WB 开始设置信息中心主任（职能类似 CIO①）。随着 ERP 模式的不断深化，WB 与全国各地的供应商、销售公司陆续实现了对接，基于 Internet 的商务协同逐步建立，CIO 的职位设置也因此由诞生到成熟，再到转变。在围绕全国各地销售分公司、专营公司管理、4S 店的售后服务维修技能培训所进行的探讨中，已经显现出知识共享和转移的特点。例如，可能通过使用视频、案例推理系统、在线咨询、知识地图等工具对摩托车维修保养知识进行管理，这一工作的展开直接涉及企业内部和外部的知识资源的整合。此时，具有 CKO② 特点的职位的呼之欲出。

LX 对产品研发制定了一定的技术规范，将供应商们的知识进行了结合，在一定的规范下，让供应商设计零部件，在确保零部件相互匹配的同时，降低了研发成本，增加了企业外部知识基于 Internet 的商务协同。这种信息管理模式不仅关注组织内部的知识管理，而且实现了对组织外部的知识管理，有效地堵住了企业的知识缺口。在面向整条供应链知识整合的需求面前，高级知识管理者 CKO 的设立，将反过来推动信息化向商务协同阶段推进。

从上述具有代表性企业的例子我们可以看到，摩托车企业信息化主管职能变迁路径如图 4－2 所示。

由此，摩托车企业信息化建设经历了从单部门信息化到跨部门协同，再到基于 Internet 的商务协同等不同阶段，随着信息化建设阶段性的推进，主管人员的主要活动空间发生改变。在信息化的低级阶段，主管人员主要从事单部门内的控制工作，此时知识的同质性较强，主要是以信息系统开发、操作、维护为主的计算机技术，如图 4－3 中的空间 A。随着信息化阶段的推进，多部门协同运作的比重增加，管理者活动空间由 A 转变为 B，此时的活动空间覆盖了组织内部的其他职能部门，知识异质性增强。随着 Internet 下商务协同的发展，管理者活动空间进一步拓展到包含外部供应链的空间 C，知识结构从单纯的信息技术拓展到 CRM、SCM、BPR③ 等广泛知识领域，由此，信息化主管人员的显性知识和隐性知识需求逐步提高。

如图 4－3 所示，随着信息化从单部门对手工操作的替代到组织内部跨部门的信息共享，再到基于 Internet 的商务协同，信息化处理的知识从单部门内部专

---

① CIO（Chief Information Officer）首席信息官。

② CKO（Chief Knowledge Officer）知识总监。

③ CRM（Customer Relationship Management）客户关系管理；SCM（Supply Chain Management）供应链管理；BPR（Business Process Reengineering）业务流程重组。

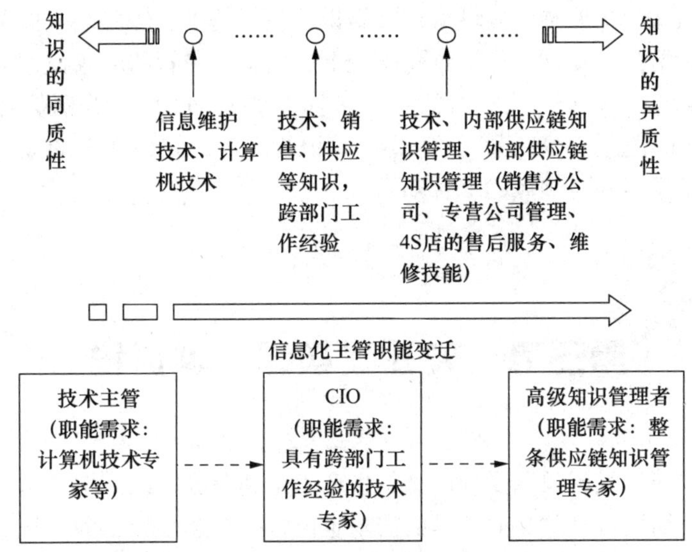

图4－2　三家摩托车生产企业信息化主管职能对比

注：根据访谈进行归纳。

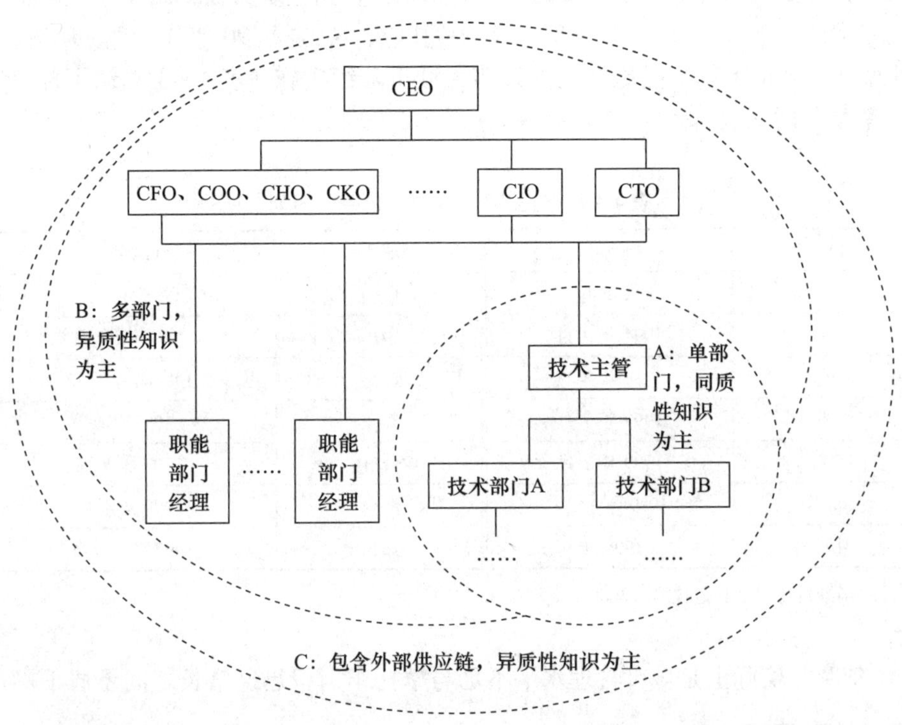

图4－3　摩托车企业信息化主管活动空间的转移

业性强的专门知识扩展到跨领域的综合知识，包括技术、经验、人际关系等，知识异质性不断增强。在这样的信息化路径下，信息化主管的职务设定和能力需求也必将随之转变，例如，从一般的技术主管（如 CTO①）发展到信息主管（如 CIO），再到知识主管（如 CKO）等高级知识管理者，知识高管的知识架构从单纯的专业技术发展到跨领域的综合知识。

第三节 关于“禁摩”的讨论

改革开放使得我国长期受到压抑的生产力得到解放，经济增长迅速，居民收入快速增加，居民对日常交通工具的需求也由自行车逐步转变为摩托车。在迅速增长的市场需求拉动下，摩托车企业发展迅速，居民对摩托车的平均拥有量也大大提高。与摩托车行业迅速发展同时发生的现象包括交通拥堵、治安恶化、环境污染、城市面貌杂乱等。在较长的一段时期以内，这些现象被归结于摩托车消费的迅速增加。于是，自 20 世纪 80 年代中期以来，特别是 90 年代，“禁摩”（即禁止摩托车登记上牌）措施在我国许多大城市陆续实施。表 4－4 总结了部分城市“禁摩”时间表。

表 4－4 全国部分城市“禁摩”时间

城市	时间	城市	时间
北京	1985 年	广州	1998 年 5 月
天津	1994 年 7 月	中山	1999 年 11 月
昆明	1984 年	珠海	1996 年下半年
福州	1999 年 7 月	苏州	1998 年底
武汉	1999 年 7 月	石家庄	1999 年 5 月
张家界	1999 年 11 月	济南	1999 年 4 月
深圳	1999 年	郑州	1997 年上半年

注：摘录自曹宝之和范佳凤（2009）。

“禁摩”实际上是城市管理水平不足与摩托车消费迅速增长之间矛盾下的产

① CTO（Chief Technology Officer）首席技术官。

物。例如，作为“禁摩”重要理由之一的“飞车抢夺”，本质上是属于治安管理和法律惩治的范畴，与法制教育与建设、公共管理和公安执法水平直接相关。由于相关管理部门的执行力不足，行政禁令就成了不得已的选择。在我国存在“禁摩”的20~30年里，反“禁摩”的呼声一直存在。“禁摩”与反“禁摩”的主要争论焦点是：交通拥堵、治安恶化、环境污染、城市面貌杂乱等问题的恶化是否可以成为“禁摩”的理由，“禁摩”能否解决以上问题，“禁摩”这一行政手段是否合法，等等。世界上许多地区都经历过摩托车迅速发展的阶段，中国台湾地区是全球摩托车（台湾地区称之为机车）拥有量最高的地区之一。我们可以通过与台湾地区的对比来帮助我们寻找该问题的答案。如图4-4所示，2000年以来，台湾地区每百人摩托车拥有量保持在50辆以上，由2000年的51.3辆逐步增长到2012年的64.9辆。但是台湾地区的交通却依然保持有序，也没有出现环境污染、治安恶化等问题。

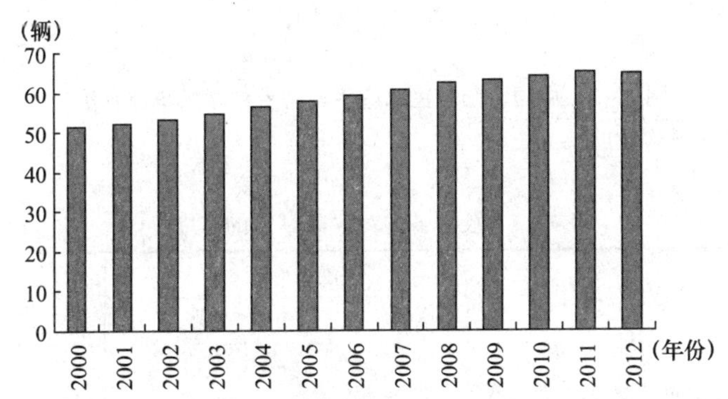

图4-4 台湾地区平均每百人摩托车拥有量

注：根据台湾地区交通部统计查询网公布的数据统计。

图4-5描绘的是我国大陆地区摩托车拥有量的情况。2000~2012年，城镇居民每百户摩托车拥有量从18.8辆逐步增长到2006年的25.3辆，之后缓慢回落至2012年的20.3辆。农村居民每百户摩托车拥有量则一直保持增长，由2000年的21.9辆增长到2012年的62.2辆。由此，我国大陆地区的摩托车拥有量远远低于台湾地区。就算是按照2012年农村居民每百户拥有量进行对比，如果按照每户3~5人计算，拥有量仍然低于台湾地区2~4倍。

通过以上的分析，“禁摩”的合理性并没有得到充分的认同，表4-5汇总了各方对于“禁摩”的态度。在治安、交通、环境污染、城市面貌、行业发展、居民出行各个方面，“禁摩”的理据均遭到挑战。从20世纪80年代中期至今，

“禁摩”已经经历了近30年，其间，我国政府治理水平、城市管理水平等均取得较大的进步。相信在尊重居民权利和城市管理效率之间可以找到更合适的平衡点。

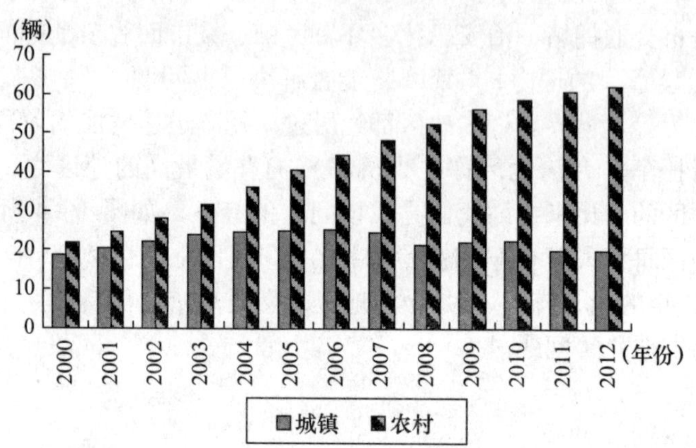

图4-5 中国大陆居民家庭平均每百户摩托车拥有量

资料来源：中国国家统计局。

表4-5 社会各方对“禁摩”的态度①

指标＼主体		地方政府	消费者		摩托车企业
			支持者	反对者	
1	治安	摩托车数量增加导致治安恶化	摩托车数量增加导致治安恶化	摩托车只是交通工具，并非治安问题的直接原因	摩托车只是交通工具，并非治安问题的直接原因
2	交通	摩扥车数量增加导致交通拥堵	摩托车数量增加导致交通拥堵	摩托车体积小，有利于交通疏导，因此可以在一定程度上替代汽车，大大缓解交通拥堵问题	摩托车体积小，有利于交通疏导，因此可以在一定程度上替代汽车，大大缓解交通拥堵问题
3	环境污染	摩托车数量增加导致环境污染	摩托车数量增加导致环境污染	“禁摩”使得消费者转向购买汽车，环境污染问题依然存在	可以通过产品升级、行业规范调整来解决

① 该表基于访谈进行汇总。

续表

指标 \ 主体		地方政府	消费者：支持者	消费者：反对者	摩托车企业
4	城市面貌	摩托车数量增加导致城市面貌杂乱	摩托车数量增加导致城市面貌杂乱	问题不重要	该问题源自政府和交通管理当局对驾驶者的疏导不力以及驾驶者本身素质的参差（国际经验：中国台北等地摩托车的大量使用并没有导致人和城市面貌不佳等问题）
5	摩托车行业的发展	对于摩托车企业较多的地区，地方政府不实施“禁摩”，以支持本地摩托车企业的发展；其他交通状况、治安较为严峻的地区，地方政府倾向于“禁摩”			高端摩托车消费者主要集中在一、二线城市，而该地区的“禁摩”使得摩托车产业升级和向高端发展的“天花板”提早到来，从而压制了该行业的发展
6	居民出行	发展公共交通能满足居民出行需求	“禁摩”后，可以使用自行车、汽车代替	由于收入较低、对摩托车的偏好等因素，其他产品的替代性不高	由于使用的快捷、体积小、价格便宜等特征，使得摩托车成为汽车的有效补充
7	法律问题			“禁摩”违反《中华人民共和国道路交通管理法》等法律，侵犯居民驾驶摩托车的权利；“禁摩”以行政手段代替立法程序进行，缺乏法律基础	“禁摩”违反《中华人民共和国道路交通管理法》等法律，侵犯居民驾驶摩托车的权利；“禁摩”以行政手段代替立法程序进行，缺乏法律基础

第四节　摩托车行业的发展趋势

摩托车行业经过30多年的发展，已经由奢侈品变为许多家庭的代步工具或运输工具。随着居民收入的不断提高，对摩托车消费的需求也将发生变化。表

4－6和表4－7关于城镇居民和农村居民摩托车消费的简单实证分析可以给出一个摩托车行业发展趋势的大致面貌。

表4－6 摩托车拥有量分析：城镇

	ln Motocycle			
	(1)	(2)	(3)	(4)
ln Income			−4.41*** (−8.48)	−6.42*** (−3.70)
ln GDP		0.57*** (3.99)		8.03*** (3.98)
Year	0.06*** (4.42)		0.54*** (9.42)	
常数项	−110.56*** (−4.30)	−13.17 (−3.27)**	−1042.95*** (−9.43)	−165.52*** (−4.01)
Adj. R^2	0.5212	0.4672	0.9118	0.7030
样本	1997～2012，年度			

注：括号内为检验的t值。*、**和***分别表示10%、5%和1%的显著性。本结果使用Stata进行回归。

表4－7 摩托车拥有量分析：农村

	ln Motocycle			
	(1)	(2)	(3)	(4)
ln Income			−1.56*** (−4.13)	−2.05*** (−3.52)
ln GDP		1.40*** (10.95)		3.28*** (6.03)
Year	0.13*** (12.80)		0.27*** (8.04)	
常数项	−267.14*** (−12.64)	−36.23*** (−10.02)	−526.26*** (−8.16)	−72.98*** (−6.75)
Adj. R^2	0.9054	0.8748	0.9528	0.9268
样本	1997～2012，年度			

注：括号内为检验的t值。*、**和***分别表示10%、5%和1%的显著性。本结果使用Stata进行回归。

在表4-6和表4-7的分析中，ln表示自然对数；Motocycle为城镇居民每百户摩托车拥有量（辆）或农村居民每百户摩托车拥有量（辆），GDP为按照2005年美元换算的不变价国民生产总值（美元），Income为城镇居民人均总收入（元）或农村居民家庭平均每人纯收入（元）。Motocycle和Income数据来自于国家统计局网站，GDP数据来自于世界银行。由于被解释变量和主要的解释变量都采用了自然对数的形式，系数可以解读为弹性。在对城镇（见表4-6）和农村（见表4-7）的分析中，第（1）列和第（2）列描述了摩托车销售的基本趋势。随着时间或我国经济的增长，城镇居民和农村居民每百户家庭摩托车拥有量在提高。第（3）列和第（4）列则是分析了收入弹性。我们发现，在控制了我国经济总量的增长所引起的行业整体发展以后，lnIncome的系数显著为负。该系数可以理解为每百户居民拥有摩托车的收入弹性。因此，随着收入的提高，居民对摩托车的消费是下降的，并且富有弹性。具体而言，虽然我国经济实力的增强带动摩托车行业的发展（如出口等），但是，城镇居民人均总收入提高1%，每百户家庭摩托车拥有量下降4.41%～6.42%，而农村居民人均纯收入提高1%，每百户家庭摩托车拥有量则下降1.56%～2.05%。相比较而言，城镇居民对摩托车的消费收入弹性大于农村居民。这不难理解，摩托车与汽车均属于机动车，两者均可实现代步和运输功能，具有相当大的替代性。由于城市居民收入较高，家用汽车对摩托车的替代性更强。

图4-6描绘了1997年以来城镇居民家庭每百户家用汽车和摩托车拥有量（《中国统计年鉴》没有统计农村居民每百户汽车拥有量数据）。我们发现，对于城镇居民摩托车拥有量，在2000年以前经过了较快的提升后，在2006年前保持了较为稳定的发展，之后出现回落。与此同时，家用汽车拥有量在2003年以后迅速增加，并在2012年超越摩托车拥有量。这反映出，随着城镇居民收入的提升，大家会选择更为舒适、安全的交通工具。汽车市场的扩大伴随着摩托车市场的相对萎缩。与城镇的情况不一样，农村摩托车消费则一直呈现增长的趋势，说明摩托车仍然是农村居民所偏好的耐用品。

作为一个对比，我们在附录9中，对中国台湾地区摩托车拥有量进行了分析。与大陆地区不同的是，台湾地区每百人摩托车拥有量的收入弹性显著为正（见附表9-1第（3）、（4）列），这说明随着台湾居民收入的提高，摩托车拥有量是提升的。同时，弹性的绝对值小于1，说明摩托车拥有量对收入的改变并不敏感。以上两个特点都反映出台湾地区居民对摩托车的消费偏好比较稳定，作为摩托车的耐用消费品替代性不是很强。这给大陆地区摩托车行业的发展提供了一个很好的比较视角。品牌、道路建设、监管、质量监督、文化等，都是使得台湾地区摩托车拥有度高的原因之一，所有这些因素使得摩托车成为消费者喜爱的交通工具。

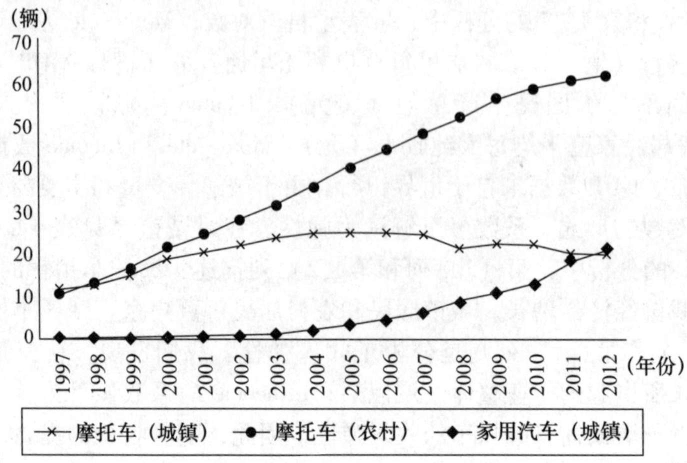

图 4－6　居民家庭平均每百户家用汽车/摩托车拥有量

资料来源：国家统计局。

随着中国经济的持续发展和居民收入水平的进一步提高，摩托车行业的发展在未来 5～10 年将出现以下特征：

（1）挖掘高端摩托车消费市场。经过多年的发展，我国摩托车企业已经在设计、制造和渠道上积累了相当多的经验，也培育了具有市场认可度的品牌。除了代步功能外，高端摩托车消费者还对设计、用材等各方面有更多的需求。高端摩托车消费市场将是摩托车行业发展的另一个增长点，包括材料、功能、设计上的高端化以及个性化产品定制等。

（2）继续拓展农村市场。农村居民收入将在相当长的一段时间内低于城镇居民，在交通和运输的多元功能需求和对价格的敏感下，摩托车仍然受到农村消费者的欢迎。图 4－6 也说明了这一趋势，因此，农村市场将继续成为摩托车行业所挖掘和拓展的市场。

（3）继续拓展海外市场。目前我国的摩托车出口市场主要是南美洲、非洲、中东等地区。其他发展中国家和地区市场的发育将在相当长一段时间内为我国摩托车企业获得一定数量的订单。

（4）正如前文所述，“禁摩”在实施了相当长的一段时间以后，该措施的合法性、合理性逐步受到社会的质疑。随着我国公共管理和城市治理水平的提高，取消“禁摩”的呼声越来越高。估计未来首先取消“禁摩”的可能是二、三线城市，那么，这些地区所重新喷发的市场需求将值得摩托车企业重视并调整生产和销售策略。

第五章　总结与展望

一、总结

摩托车行业在我国的迅速发展经历了近30年的时间，使我国成为摩托车生产和出口大国，在我国制造业的发展中具有重要的地位。但是，目前关于摩托车行业发展的研究基本属于定性分析，定量研究并不多见。本书基于《中国汽车工业协会（摩托车部分）产销快讯》、《中国统计年鉴》等资料公布的数据，结合调研与访谈，对我国摩托车行业的发展进行了实证研究。主要研究内容及结论如下：

（1）我国摩托车行业地理分布已形成广东、重庆、江浙三大板块，珠三角、重庆两大集聚的格局。在生产、销售、营业收入、利润和出口几个指标上，广东板块基本处于第一的位置，而重庆地区的集聚程度最高。其中，珠三角摩托车行业的销售数量总额和营业收入总额占全国的2~3成，利润占全国的2~4成。同时，珠三角地区摩托车行业的营业收入占本地区规模以上工业企业营业收入的比重高于全国平均水平的1.24~1.56倍，利润在则在2007~2009年高出全国平均水平的3倍以上，在2010~2012年高于全国平均水平的1.48~1.82倍。重庆在这三个指标上在全国占据的比重均达到40%左右，高于珠三角集聚。并且，重庆地区的工业对于摩托车行业的依赖程度非常高。在企业差异方面，企业间在销售数量方面的差异并没有随时间而发生太大变化，企业间利润的差异则有缩小的趋势，本书也没有找到企业间效益存在趋同的证据。

（2）聚集内处于领先的龙头企业对其他企业的辐射能力较强。在珠三角集聚内部，唯一的龙头企业对其他企业具有较显著的规模拉动和效益促进影响作用，基于规模拉动的影响相对富有弹性，达到0.85~1.93，基于效益促进的影响相对较小，但其弹性也达到0.33~0.54。重庆集聚龙头企业较多，对三家龙头企业的分析发现，它们对其他企业的拉动作用并不显著，推测其原因，在于寡占市场格局相对显著，市场“挤占效应”相对明显。

（3）“摩托车下乡”拓展了摩托车行业的农村市场，但不同类型的摩托车企业在“摩托车下乡”中的绩效差异性较大。第一，市场定位较低的企业来自“摩托车下乡”的获益更大，低定价企业销量增长的倍数比高定价企业销量增长的倍数大14%～22%，说明农村消费者对价格较敏感，相对偏好满足基本需求的低定价产品。第二，规模较小的企业来自“摩托车下乡”的获益更大，小企业销量增长的倍数比大企业销量增长的倍数大32%～116%。大企业市场分布多元化，因此农村市场和“摩托车下乡”对于小企业的吸引力和帮助较大。第三，出口比重较大的摩托车企业销售增长率较低，低出口或不出口的企业销量的增长倍数，比高出口或不出口企业增长倍数大30%左右。说明“出口转内销”效应不显著。

（4）摩托车制造的用钢量很大，钢材价格对摩托车成本的影响很大。由于菜单成本等因素，摩托车销售价格的波动并不频繁，因此，钢材价格的波动对每车利润的影响较大。分析表明，钢材价格波动1%，平均每车利润下降58%～80%。

（5）通过对摩托车企业信息化的调研，发现信息化条件下公司治理模式的变革主要表现为信息化主管职能的变迁导致的知识结构的改变，即由具有专门性知识的技术主管转变为异质性强的跨领域知识管理者。

（6）研究还对“禁摩”政策和摩托车行业未来发展的特点进行了访谈，本书认为，随着城市治理水平的提高，“禁摩”政策可以在尊重居民使用摩托车的权利的条件下进行调整。在发展趋势上，城镇居民人均总收入提高1%，每百户家庭摩托车拥有量下降4.41%～6.42%，而农村居民人均纯收入提高1%，每百户家庭摩托车拥有量则下降1.56%～2.05%。

关于未来摩托车行业的发展趋势，本书认为，三轮摩托车的发展潜力巨大，将成为摩托车行业发展的“增长极”。如图5-1，三轮摩托车占摩托车销售数量的比重，由2000年的3.60%增长到2014年的11.07%，从412335辆增长到2357910辆，增长了4～5倍。特别是在2006年经历了之前的平稳发展后出现加速增长。展望三轮摩托车在未来几年的发展趋势，依然保持比较快速的发展，原因如下：物流发展的“最后一公里”问题。“最后一公里”原指完成长途跋涉的最后一段路程，后来，该概念被引入物流、营销、通讯等领域，意指产品到达客户群体的最后一段距离（左停等，2009；杨聚平等，2014；张锦、陈义友，2015）。虽然我国的基础设施建设得到长足的发展，但便捷的交通系统仍不可能实现100%社区覆盖率。随着近年我国电子商务的迅猛发展，对物流的需求实现井喷式增加。在铁路运输、公路运输、公交等基本交通系统达不到的区域，“最后一公里”成为效率提升的一个障碍。“最后一公里”需要使用灵活、载货量较

大、成本低而效率高的交通运输工具，三轮摩托车于是成为这种运输工具的最好选择。我国目前电子商务的发展并不平衡，东部沿海较为发达，而西部地区水平较低。由此推断，随着电子商务继续保持高速发展，“最后一公里”物流对三轮摩托车的需求将在较长的时间内保持持续增长。由此，三轮摩托车也成为目前摩托车行业发展的一个增长点。

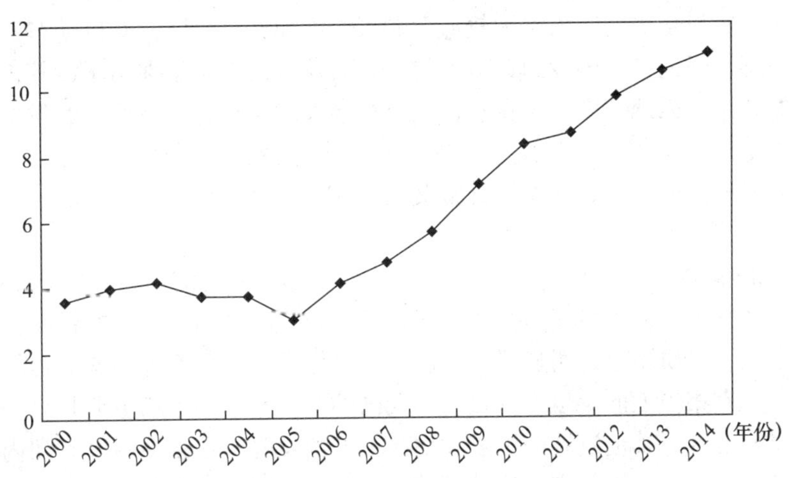

图 5-1 三轮摩托车销售数量比重（%）

资料来源：中国汽车工业年鉴

二、展望

展望未来摩托车行业的发展，本书认为应着眼于以下几点：

(1) 发展高端消费市场。在欧美等发达国家，由于汽车的使用已经普及，摩托车使用成为一部分特定人群的偏好。除了对大排量的需求以外，他们更注重摩托车的设计、材料、配套装备、环保和文化内涵等。在我国，经过多年的发展，摩托车企业已经在设计、制造和渠道上积累了相当多的经验，也培育了具有市场认可度的品牌，但相当一部分车企仍然处于定价 2 万 ~3 万元的微利时代。随着居民收入的提高，汽车消费的逐步普及，低端摩托车消费市场必然萎缩，但同时，高端摩托车消费人群也逐渐形成。除了代步功能外，高端摩托车消费者注重娱乐性、休闲性、运动性及炫耀性，他们对产品设计、用材、品牌内涵等各方面有更多的需求。由此，高端摩托车消费市场将是摩托车行业发展的一个增长点，也是可以和汽车普及时代并行发展的市场。摩托车企业要发展高端市场，必须掌握核心技术，开展研发和营销，包括材料、功能、设计上的质量提升，品牌整合与诠释，以及个性化产品和服务定制等。

（2）拓展农村市场。由于我国城乡差距较大，虽然汽车消费在城市逐步普及，但农村市场将在较长的时期内继续成为我国摩托车消费的重要市场，因此，继续拓展农村市场、挖掘农村摩托车消费需求成为摩托车企业的重要战略目标。分析其原因，在于以下几点。首先，由于“禁摩”政策不会在短期内迅速取消，城镇摩托车市场将继续受到一定的限制，使得摩托车企业不得不继续关注农村市场。其次，农村居民的收入水平较低，购买力不如城镇居民，对机动车购买的价格比较敏感，即使是我国专门针对农村市场而发展的交叉型乘用车，其价格也大大高于摩托车。因此，摩托车在农村具有相当大的竞争力。最后，农村地区基础设施较为落后，例如，较为狭窄和不平整的道路使得驾驶摩托车更为合适。由此，在农村地区的生产、运输、日常交通、嫁娶、娱乐等活动中，摩托车消费依然很有潜力。

（3）拓展海外市场。在中低收入国家，摩托车消费潜力巨大。例如，在越南地区，摩托车成为人民基本交通、运输甚至炫耀的产品。我国摩托车行业经过长期的发展，在质量上有明显提升，同时在价格上低于日本等国家的传统名牌产品，因此具有相当大的竞争力。目前，我国的摩托车出口市场主要是南美洲、非洲、中东等地区。其他发展中国家和地区市场的发育将在相当一段时间内有可能为我国摩托车企业获得一定数量的订单。由此，我国摩托车企业除了积极开拓出口市场外，还应采用和本地企业合资等“走出去”的方式，提高我国摩托车销售在世界的份额。

附 录

附录1 摩托车企业名录

附表1-1 本研究使用样本摩托车企业名录

序号	地区	板块	公司
1	东莞	广东	东莞市东阳摩托车有限公司
2	佛山	广东	佛山市南海区大沥陆豪摩托车有限公司
3	佛山	广东	佛山市佛斯弟摩托车制造有限公司
4	佛山	广东	广东银河摩托车集团有限公司
5	佛山	广东	广东大福摩托车有限公司
6	广州	广东	广州市大阳摩托车有限公司
7	广州	广东	广州摩托集团公司
8	广州	广东	广州天马集团天马摩托车有限公司
9	广州	广东	广州番禺豪剑摩托车工业有限公司
10	广州	广东	广州市番禺华南摩托企业集团有限公司
11	广州	广东	广州林叶机电科技有限公司
12	广州	广东	广州三雅摩托车有限公司
13	广州	广东	广州天恒机车工业有限公司
14	广州	广东	广州峰光实业有限公司
15	广州	广东	广州庆福摩托车有限公司
16	广州	广东	广州东毅摩托车有限公司

续表

序号	地区	板块	公司
17	广州	广东	广州市白云区智泰摩托车有限公司
18	广州	广东	康超集团广州摩托车制造有限公司
19	鹤山	广东	鹤山国机南联摩托车工业有限公司
20	惠州	广东	惠州玛骐摩托车有限公司
21	江门	广东	广东大冶摩托车技术有限公司
22	江门	广东	江门市大长江集团有限公司
23	江门	广东	江门市迪豪摩托车有限公司
24	江门	广东	江门市联统华龙摩托车有限公司
25	江门	广东	江门市华日集团有限公司
26	江门	广东	江门市中港宝田摩托车实业有限公司
27	江门	广东	江门镇怡摩托车有限公司
28	清远	广东	广东省清远市清新联统实业有限公司
29	汕头	广东	汕头市东威摩托车有限公司
30	深圳	广东	深圳益通机动车工业有限公司
31	兴宁	广东	广东富兴摩托车实业有限公司
32	增城	广东	增城市海利摩托车有限公司
33	增城	广东	增城市奔马实业有限公司
34	增城	广东	增城市东阳摩托车实业有限公司
35	增城	广东	增城市英豪摩托车实业有限公司
36	中山	广东	中山国驰摩托车实业有限公司
37	珠海	广东	珠海珠江车业有限公司
38	广州	广州	* 五羊—本田摩托（广州）有限公司
39	常熟	江浙	常熟市轻型摩托车厂
40	常州	江浙	常州福莱特摩托车有限公司
41	常州	江浙	常州光阳摩托车有限公司
42	常州	江浙	江苏东方龙机车集团有限公司
43	慈溪	江浙	慈溪金轮机车制造有限公司
44	慈溪	江浙	慈溪康鑫摩托车有限公司
45	杭州	江浙	春风控股集团杭州摩托车制造有限公司

续表

序号	地区	板块	公司
46	杭州	江浙	浙江凯凯美多机车有限公司
47	乐清	江浙	浙江幸福摩托机械有限公司
48	丽水	江浙	* 浙江雷克机械工业有限公司
49	南京	江浙	金城集团有限公司
50	宁波	江浙	宁波东方凌云车辆制造有限公司
51	台州	江浙	吉利集团浙江摩托车有限公司
52	台州	江浙	台州市椒江之威摩托车制造有限公司
53	台州	江浙	台州市凯通摩托车制造有限公司
54	台州	江浙	浙江台州市王野动力有限公司
55	台州	江浙	浙江凌田摩托车有限公司
56	台州	江浙	浙江凌宁车业有限公司
57	台州	江浙	浙江嘉爵摩托车制造有限公司
58	台州	江浙	浙江黄岩三叶集团有限公司
59	台州	江浙	浙江日雅摩托车有限公司
60	台州	江浙	浙江凌云摩托车有限公司
61	台州	江浙	浙江三友集团摩托车有限公司
62	台州	江浙	浙江弘州摩托车有限公司
63	台州	江浙	浙江春风动力股份有限公司
64	台州	江浙	浙江雅迪机车有限公司
65	泰兴	江浙	泰兴市三迪摩托车有限公司
66	泰州	江浙	江苏林海动力机械集团公司
67	温岭	江浙	钱江集团有限公司
68	温州	江浙	立峰集团有限公司
69	无锡	江浙	江苏众星摩托有限公司
70	无锡	江浙	江苏新陵摩托车制造有限公司
71	无锡	江浙	江苏健龙新田摩托车制造有限公司
72	无锡	江浙	江苏宝雕机动车有限公司
73	无锡	江浙	江苏林芝山阳集团有限公司
74	无锡	江浙	江苏新豪科技机车有限公司

续表

序号	地区	板块	公司
75	无锡	江浙	江苏雄风机车有限公司
76	无锡	江浙	江苏创新摩托车制造有限公司
77	无锡	江浙	江苏大红成莱宝驰机车制造有限公司
78	无锡	江浙	江苏金捷摩托制造有限公司
79	无锡	江浙	无锡千里马车业制造有限公司
80	无锡	江浙	无锡金霸王摩托车制造有限责任公司
81	无锡	江浙	无锡富通摩托车有限公司
82	无锡	江浙	无锡市金洪摩托车有限责任公司
83	台州	江浙	本州车业集团有限公司
84	镇江	江浙	镇江跃进机械厂有限公司
85	重庆	重庆	重庆隆鑫机车有限公司
86	重庆	重庆	重庆建设摩托车股份有限公司
87	重庆	重庆	重庆银翔摩托车（集团）有限公司
88	重庆	重庆	重庆航天巴山摩托车制造有限公司
89	重庆	重庆	重庆鑫源摩托车制造有限公司
90	重庆	重庆	重庆劲扬摩托车工业有限公司
91	重庆	重庆	重庆银钢科技（集团）有限公司
92	重庆	重庆	重庆市双庆机电有限公司
93	重庆	重庆	重庆望江摩托车制造有限公司
94	重庆	重庆	*重庆新感觉摩托车有限公司
95	重庆	重庆	重庆环松工业（集团）有限公司
96	重庆	重庆	重庆光宇摩托车制造有限公司
97	重庆	重庆	重庆恒胜集团有限公司
98	重庆	重庆	重庆精通力阳摩托车制造有限责任公司
99	重庆	重庆	重庆东本车业有限责任公司
100	重庆	重庆	重庆精通工业集团有限公司
101	重庆	重庆	*重庆市劲隆摩托车制造有限公司
102	重庆	重庆	力帆实业（集团）有限公司
103	重庆	重庆	中国嘉陵工业股份有限公司（集团）
104	重庆	重庆	宗申产业集团有限公司

续表

序号	地区	板块	公司
105	重庆	重庆	重庆润通动力有限公司
106	重庆	重庆	重庆万虎机电有限责任公司
107	济南	其他	济南轻骑摩托车股份有限公司
108	济南	其他	济南轻骑铃木摩托车有限公司
109	济南	其他	轻骑集团摩托车有限公司
110	济南	其他	山东重骑摩托车（集团）厂
111	济南	其他	德州富路车业有限公司
112	晋江	其他	福建省晋江市三力机车有限公司
113	拉萨	其他	西藏新珠峰摩托车有限公司
114	临沂	其他	山东华日摩托车股份有限公司
115	洛阳	其他	洛阳北方企业集团有限公司
116	洛阳	其他	* 洛阳北方易初摩托车有限公司
117	南宁	其他	广西南宁市欣诚盛摩托车有限责任公司
118	南宁	其他	广西银钢南益制造有限公司
119	厦门	其他	厦门厦杏摩托有限公司
120	上海	其他	上海杰士达摩托车有限公司
121	上海	其他	上海本菱摩托车制造有限公司
122	上海	其他	上海美田摩托车有限公司
123	上海	其他	上海幸福摩托车有限公司
124	上海	其他	新大洲本田摩托有限公司
125	沈阳	其他	沈阳天利摩托车制造有限公司
126	寿光	其他	山东寿光万龙实业有限公司
127	天津	其他	天津钟阳迅达摩托有限公司
128	潍坊	其他	福田雷沃国际重工股份有限公司
129	烟台	其他	烟台开发区虎跃摩托车有限公司
130	长春	其他	长铃集团长春摩托车工业有限公司
131	株洲	其他	南方宇航科技股份有限公司

注：＊表示子公司。重庆新感觉摩托车有限公司从2008年5月以后不再为子公司，常州福莱特摩托车有限公司2008年11月更名为江苏弘州金福车业有限公司，广州市大阳摩托车有限公司2009年更名为广州大运摩托车有限公司，广州林叶机电科技有限公司即广州广本机车科技有限公司，轻骑集团摩托车有限公司2009年更名为济南大隆机车工业有限公司，增城市海利摩托车有限公司2010年3月更名为广州豪进摩托车股份有限公司，浙江三友集团摩托车有限公司2008年10月更名为三友控股集团银友摩托车有限公司，镇江跃进机械厂有限公司2010年10月更名为江苏跃进摩托车制造有限责任公司。

附录 2　板块对比

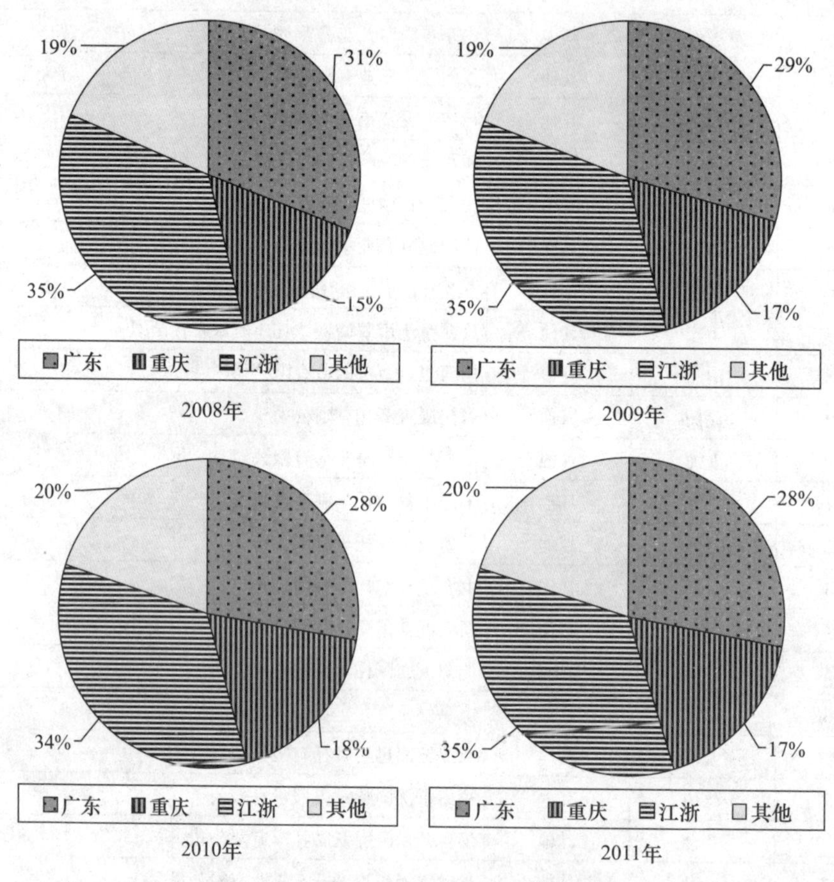

附图 2－1　企业数量（处于生产状态）板块对比

注：根据《中国汽车工业协会（摩托车部分）产销快讯》，按生产数量是否大于 0 判断。

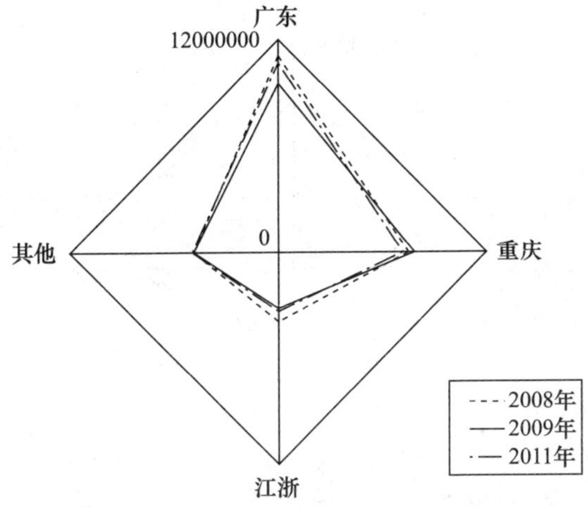

附图 2－2　各板块销售数量（辆）对比

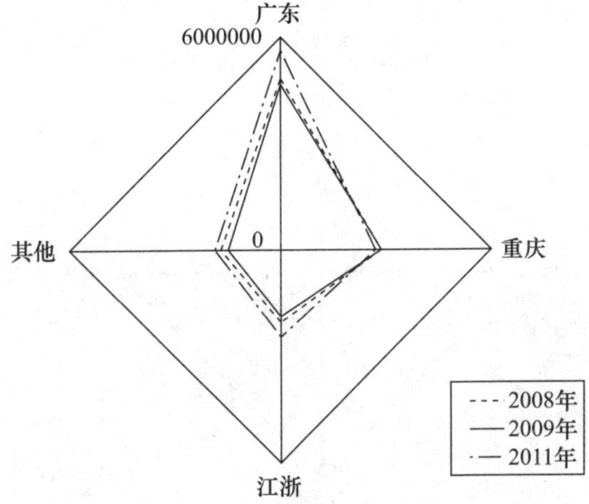

附图 2－3　各板块营业收入（万元）对比

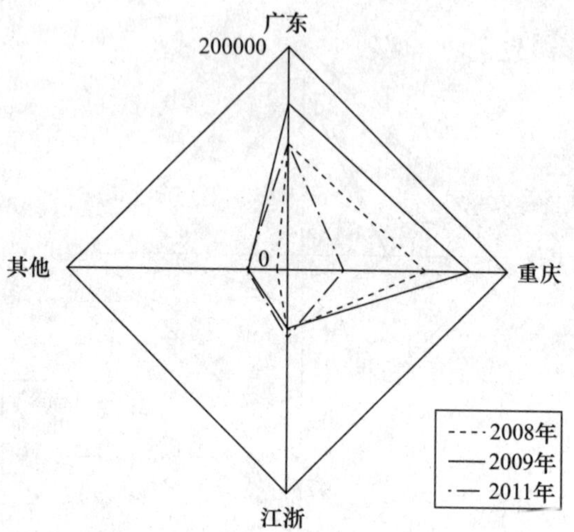

附图 2－4　各板块利润（万元）对比

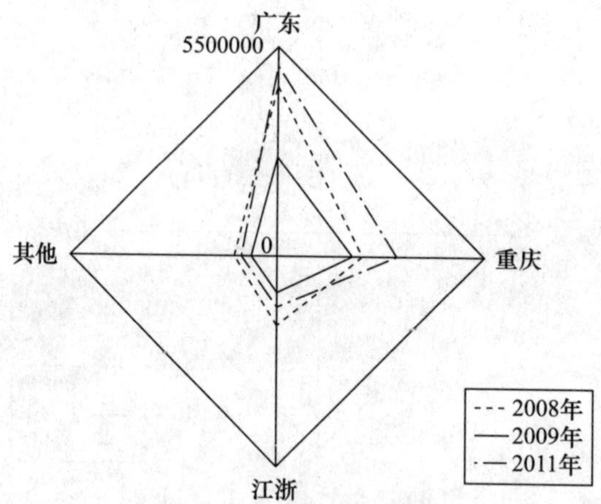

附图 2－5　各板块出口数量（辆）对比

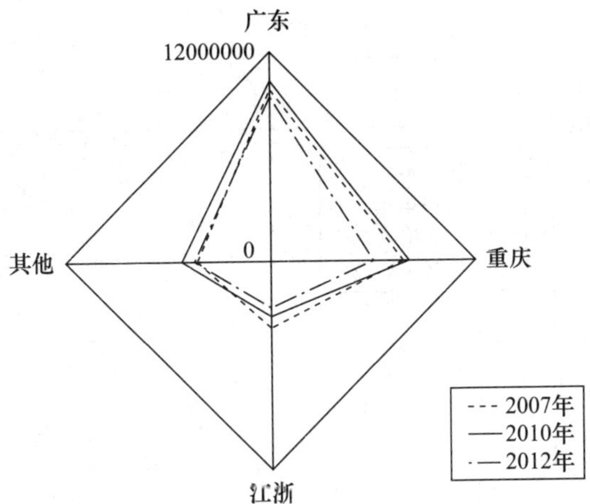

附图 2－6　各板块摩托车企业生产数量（辆）对比

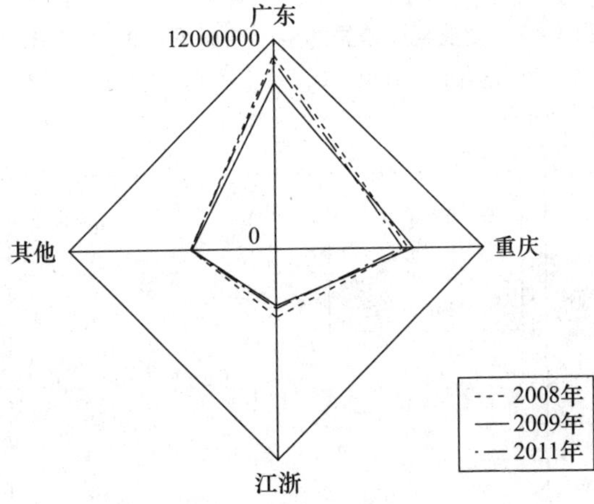

附图 2－7　各板块摩托车企业生产数量（辆）对比

附录3　企业差异分析的补充图

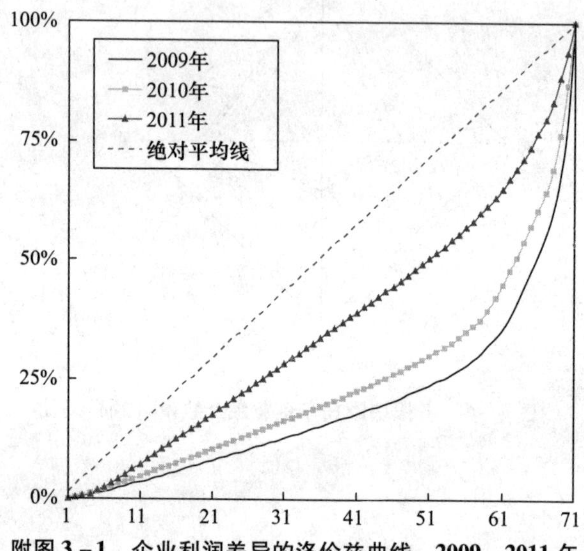

附图3-1　企业利润差异的洛伦兹曲线：2009～2011年

注：由于利润存在负数，因此纵轴的累计值来自于以下修正值：企业利润减去该年度所有企业中的最低利润。横轴按企业利润升序排列。

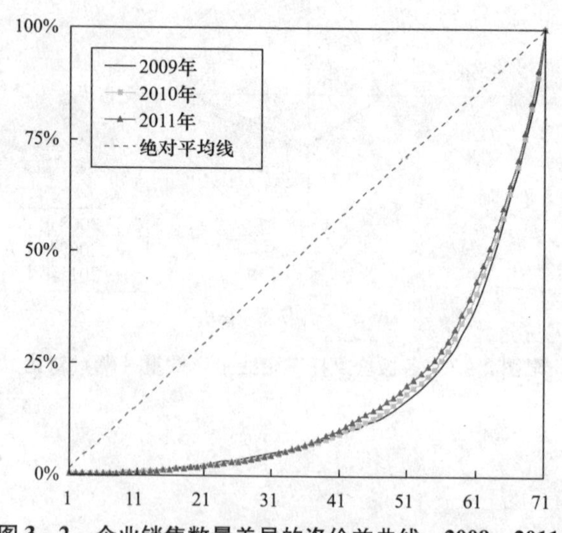

附图3-2　企业销售数量差异的洛伦兹曲线：2009～2011年

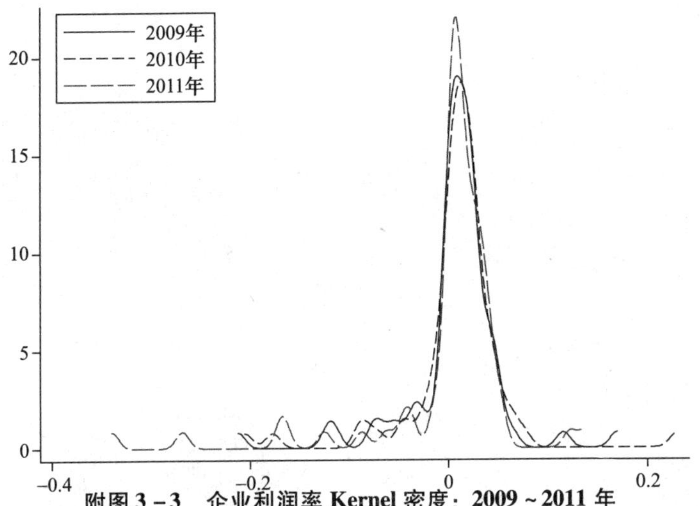

附图 3－3　企业利润率 Kernel 密度：2009 ~ 2011 年

注：横轴为企业利润率，纵轴为 Kernel 密度值。核函数采用高斯核（Gaussian）。

附录 4　集聚区域主要企业指标对比

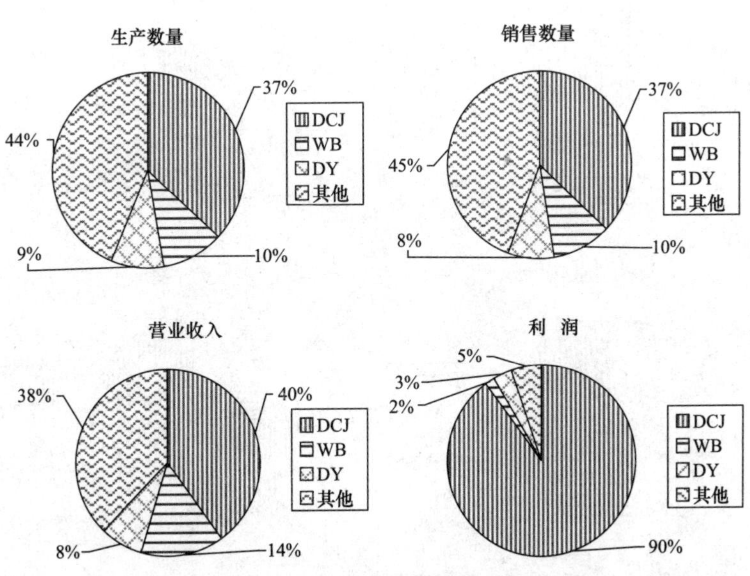

附图 4－1　珠三角集聚主要企业代表性指标对比：2007 年

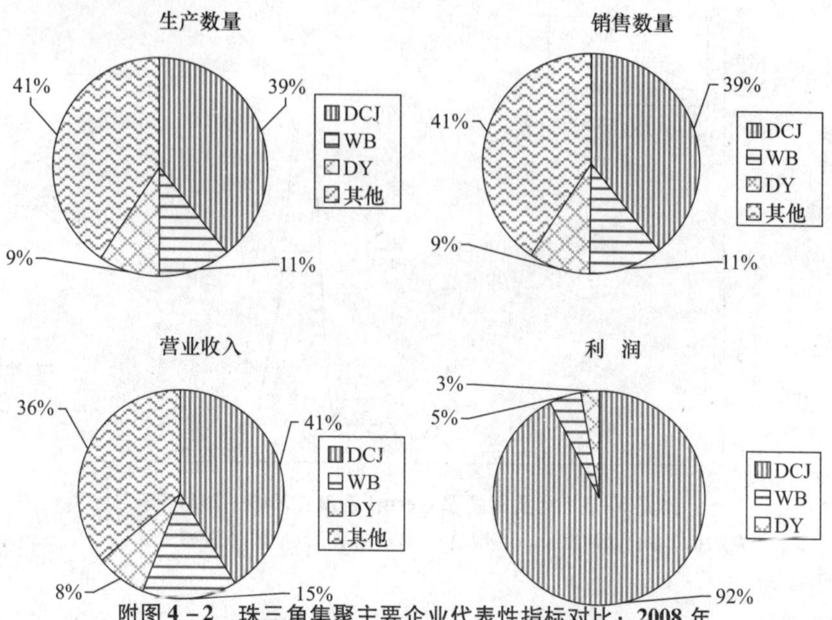

附图 4-2 珠三角集聚主要企业代表性指标对比：2008 年

注：其他地区利润总额为负值，图中没有描绘。

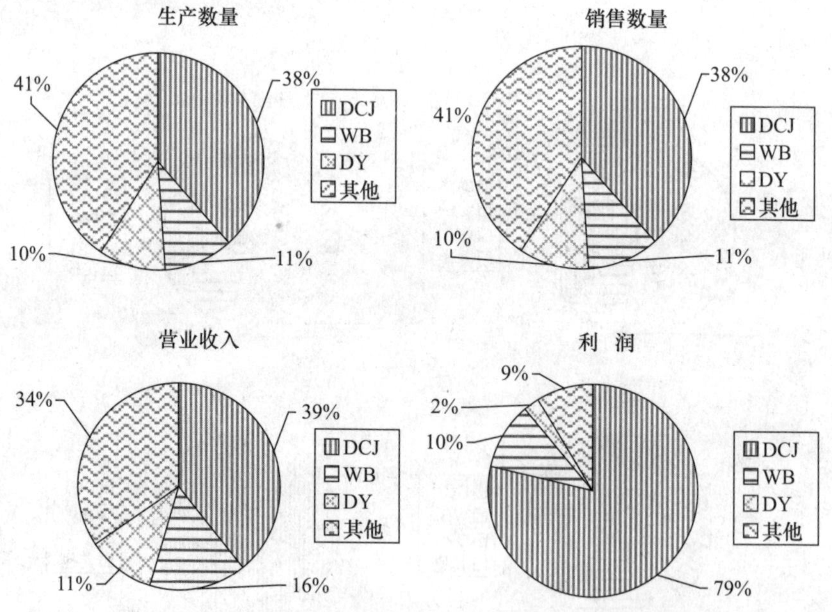

附图 4-3 珠三角集聚主要企业代表性指标对比：2009 年

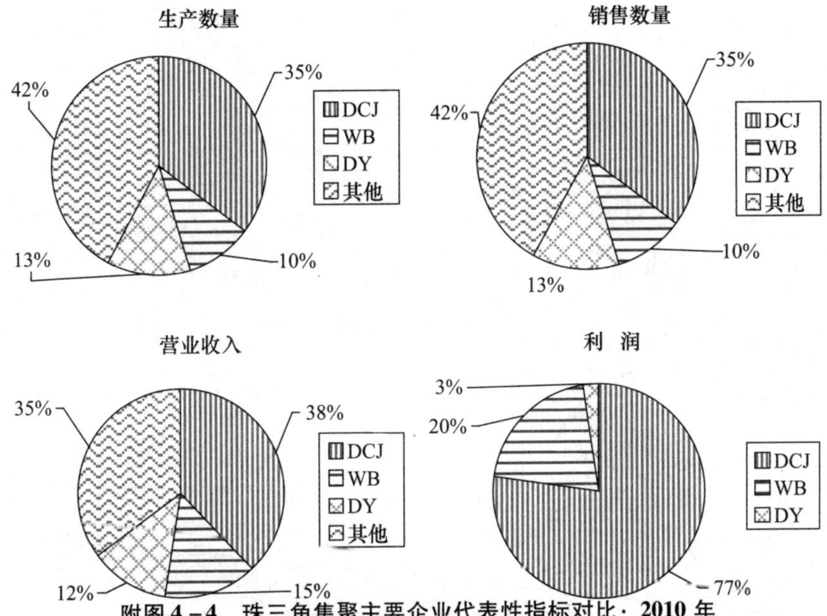

附图 4－4 珠三角集聚主要企业代表性指标对比：2010 年

注：其他企业利润总额为负值，图中没有描绘。

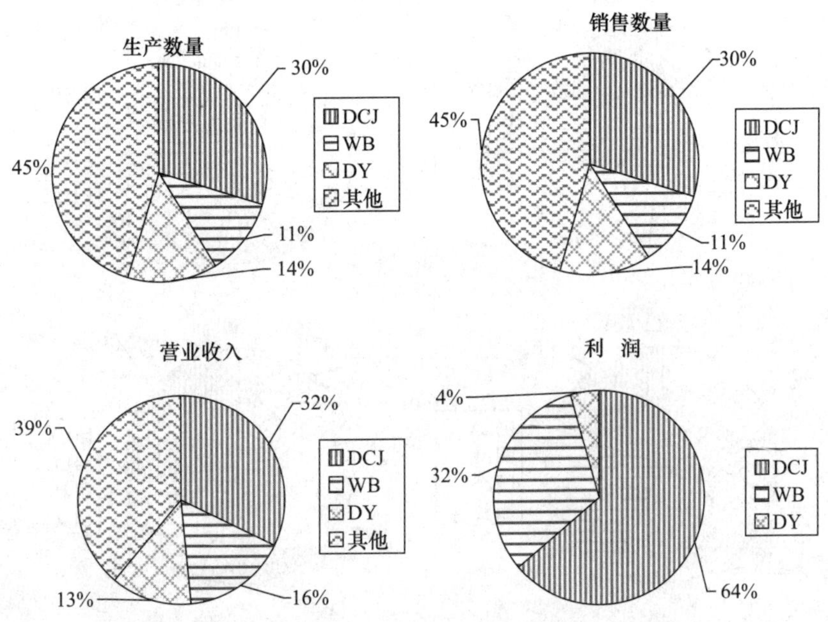

附图 4－5 珠三角集聚主要企业代表性指标对比：2011 年

注：其他企业利润总额为负值，图中没有描绘。

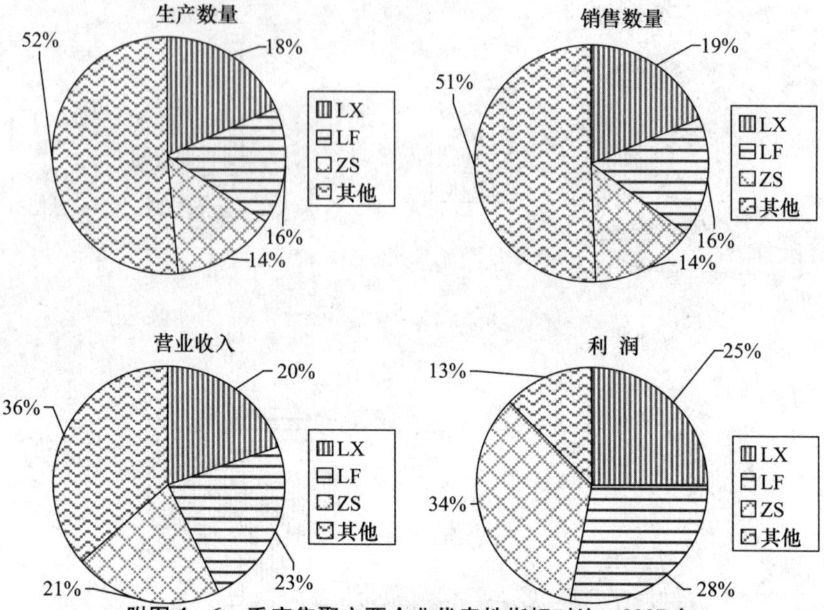

生产数量

52% 18% 16% 14%

LX LF ZS 其他

销售数量

51% 19% 16% 14%

LX LF ZS 其他

营业收入

36% 20% 23% 21%

LX LF ZS 其他

利 润

13% 25% 34% 28%

LX LF ZS 其他

附图 4－6 重庆集聚主要企业代表性指标对比：2007 年

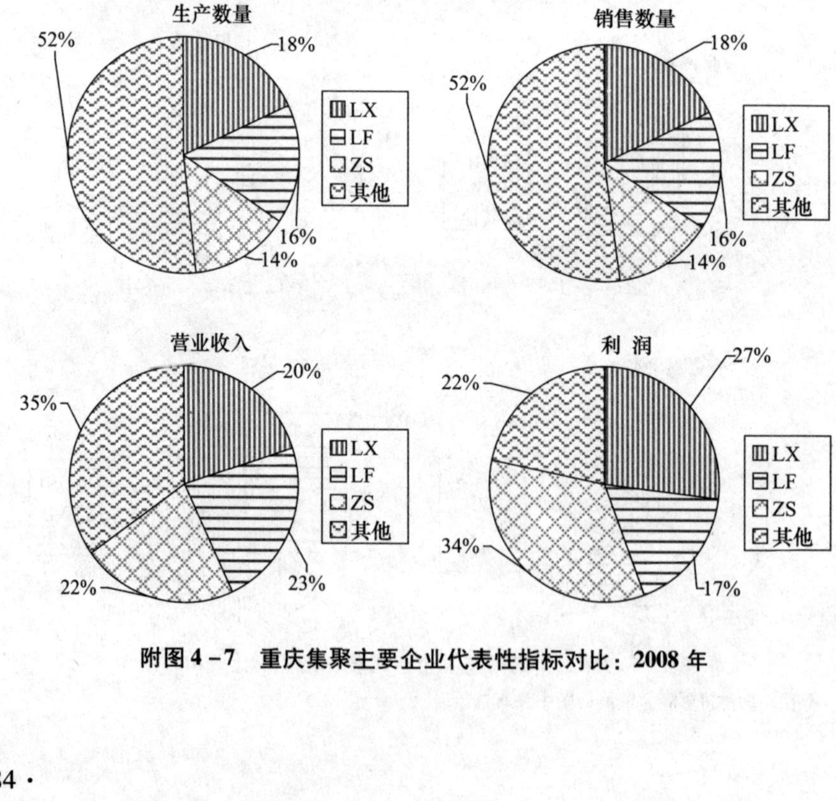

生产数量

52% 18% 16% 14%

LX LF ZS 其他

销售数量

52% 18% 16% 14%

LX LF ZS 其他

营业收入

35% 20% 23% 22%

LX LF ZS 其他

利 润

22% 27% 34% 17%

LX LF ZS 其他

附图 4－7 重庆集聚主要企业代表性指标对比：2008 年

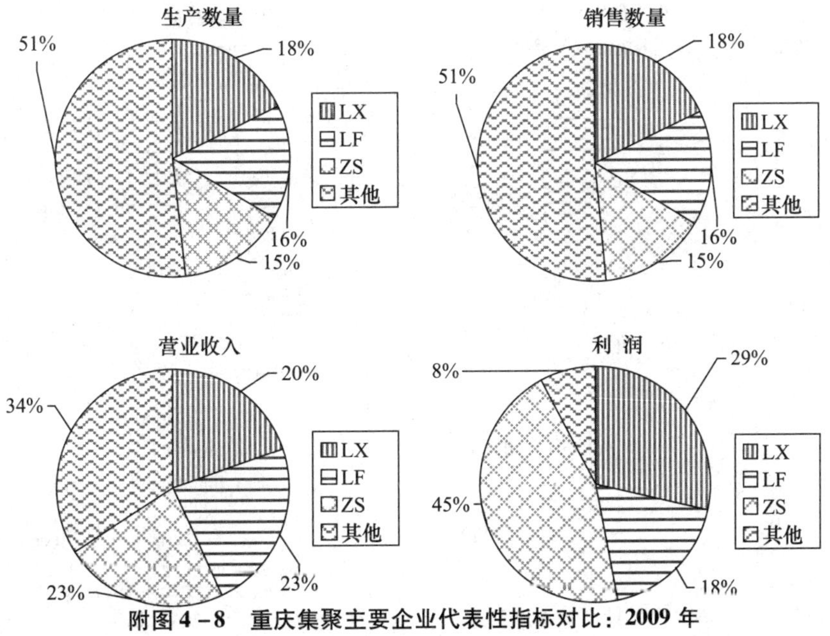

附图4－8　重庆集聚主要企业代表性指标对比：2009年

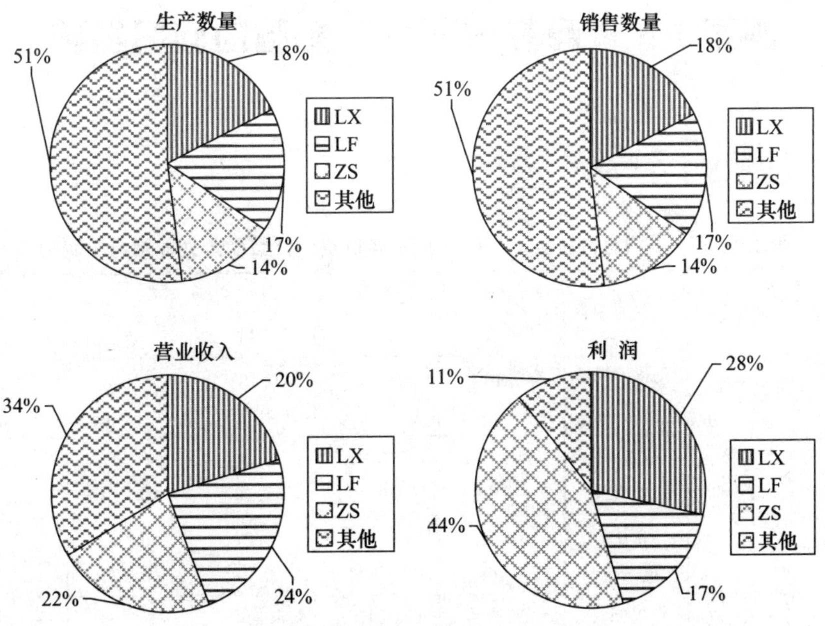

附图4－9　重庆集聚主要企业代表性指标对比：2010年

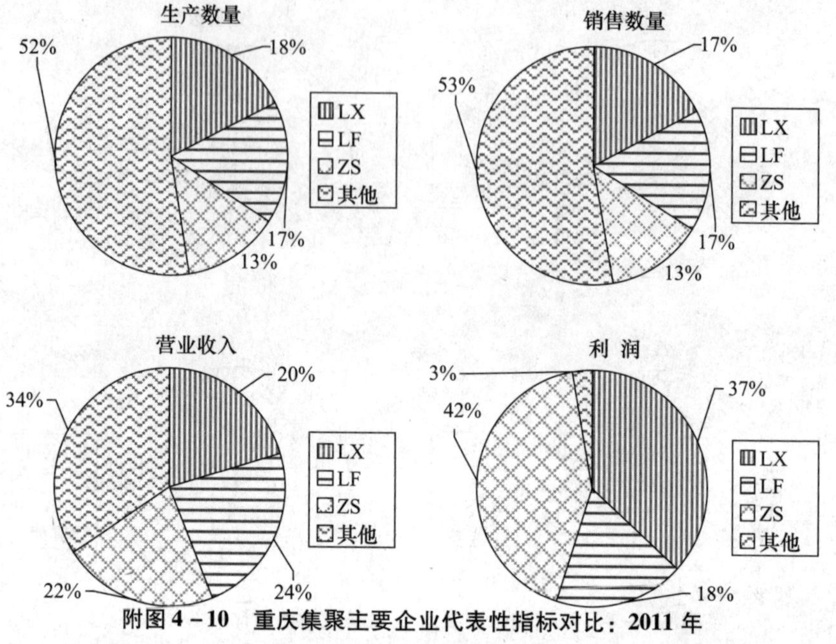

附图 4－10　重庆集聚主要企业代表性指标对比：2011 年

附录 5　“摩托车下乡”影响的回归结果

1. 平均定价差异的影响

附表 5－1　平均定价差异的影响：按平均价格中位数划分处理组与控制组

	ln Sale			G－Sale		
	(1)	(2)	(3)	(4)	(5)	(6)
Post × Treat	－0.15 **	－0.13 **	－0.15 **	－0.18 ***	－0.18 ***	－0.18 ***
	(－2.03)	(－2.06)	(－2.01)	(－2.19)	(－2.14)	(－2.16)
Post	0.09 *	－0.01	－0.01	0.10	0.01	0.01
	(1.12)	(－0.29)	(－0.10)	(1.18)	(0.23)	(0.26)
Treat	0.03	0.02	0.04	0.07	0.07	0.08
	(0.39)	(0.40)	(0.55)	(0.91)	(0.92)	(1.03)
Profit (－1)	0.91		0.95	0.14		0.13
	(1.95)		(1.96)	(0.32)		(0.32)

续表

	ln Sale			G - Sale		
	(1)	(2)	(3)	(4)	(5)	(6)
ln Sale (-1)	0.82*** (27.88)	0.84*** (28.61)	0.83*** (28.05)	-0.18*** (-5.47)	-0.19*** (-5.03)	-0.18*** (-5.28)
ln Export	0.17*** (5.91)	0.19*** (5.86)	0.19*** (5.93)	0.15** (5.69)	0.14** (5.78)	0.14** (5.79)
企业类型	控制	控制	控制	控制	控制	控制
时间	控制			控制		
地区	控制	控制		控制	控制	
常数	91.82* (2.01)	0.01 (0.05)	0.17 (0.91)	82.09*** (1.72)	0.67** (2.33)	0.67*** (2.67)
R^2	0.95	0.96	0.96	0.21	0.20	0.20
观察值	426	426	426	426	426	426

注：括号对应检验的 t 值。*、** 和 *** 分别表示 10%、5% 和 1% 的显著性。本结果使用 Stata 进行回归，使用 Robust 修正估计。

附表 5-2 平均定价差异的影响：按平均价格高低各 20% 划分处理组与控制组

	ln Sale			G - Sale		
	(1)	(2)	(3)	(4)	(5)	(6)
Post × Treat	-0.20** (-2.20)	-0.19** (-2.16)	-0.19** (-2.25)	-0.21** (-2.61)	-0.23** (-2.67)	-0.20** (-2.57)
Post	0.14 (0.91)	0.04 (0.39)	0.05 (0.40)	0.19 (1.25)	0.12 (1.04)	0.10 (0.94)
Treat	0.18 (1.38)	0.18 (1.41)	0.21 (1.78)	0.16 (1.32)	0.16 (1.32)	0.23 (2.07)
Profit (-1)	0.48 (0.59)		0.42 (0.60)	-0.26 (-0.28)		-0.27 (-0.35)
ln Sale (-1)	0.75*** (10.69)	0.76*** (12.62)	0.77*** (13.00)	-0.27*** (-3.62)	-0.28*** (-3.17)	-0.26*** (-3.84)
ln Export	0.18*** (3.87)	0.18*** (4.02)	0.18*** (3.89)	0.19 (1.76)	0.20*** (3.93)	0.18*** (3.89)
企业类型	控制	控制	控制	控制	控制	控制
时间	控制			控制		

续表

	ln Sale			G-Sale		
	(1)	(2)	(3)	(4)	(5)	(6)
地区	控制	控制		控制	控制	
常数项	68.13 (0.92)	0.82*** (2.36)	0.62 (1.98)	62.46 (0.89)	1.30*** (3.30)	1.08*** (3.07)
R^2	0.94	0.95	0.94	0.33	0.35	0.35
观察值	168	168	168	168	168	168

注：括号对应检验的 t 值。*、** 和 *** 分别表示 10%、5% 和 1% 的显著性。本结果使用 Stata 进行回归，使用 Robust 修正估计。

附表 5-3　平均定价差异的影响：按平均价格高低各 10% 划分处理组与控制组

	ln Sale			G-Sale		
	(1)	(2)	(3)	(4)	(5)	(6)
Post × Treat	-0.19** (-2.14)	-0.19** (-2.10)	-0.20** (-2.22)	-0.24** (-2.48)	-0.30** (-2.67)	-0.28** (-2.70)
Post	0.27 (1.32)	0.03 (0.22)	0.03 (0.24)	0.35 (1.60)	0.18 (1.05)	0.16 (1.06)
Treat	0.27 (1.59)	0.28 (1.61)	0.35*** (2.56)	0.21 (1.27)	0.24 (1.33)	0.35 (1.63)
Profit (-1)	-0.67 (-0.35)		0.21 (0.13)	-0.74 (-1.06)		-1.17 (-0.98)
ln Sale (-1)	0.84*** (9.30)	0.81*** (10.57)	0.79*** (8.30)	-0.15 (-1.87)	-0.22** (-2.09)	-0.20** (-2.08)
ln Export	0.13*** (2.42)	0.15*** (2.81)	0.15*** (2.36)	0.13*** (2.24)	0.16*** (2.24)	0.14*** (2.19)
企业类型	控制	控制	控制	控制	控制	控制
时间	控制			控制		
地区	控制	控制		控制	控制	
常数项	206.42 (1.74)	0.45 (0.97)	0.64 (1.39)	107.70 (1.59)	0.89** (2.71)	0.80** (2.69)
R^2	0.95	0.96	0.94	0.29	0.29	0.30
观察值	70	70	70	70	70	70

注：括号对应检验的 t 值。*、** 和 *** 分别表示 10%、5% 和 1% 的显著性。本结果使用 Stata 进行回归，使用 Robust 修正估计。

2. 企业规模差异的影响

附表 5-4 企业规模差异的影响：按中位数划分处理组与控制组

	ln Sale			G-Sale		
	(1)	(2)	(3)	(4)	(5)	(6)
Post × Treat	-0.30*** (-6.96)	-0.29*** (-6.86)	-0.28*** (-6.68)	-0.28*** (-6.43)	-0.28*** (-6.31)	-0.28*** (-6.48)
Post	0.19*** (3.01)	0.08* (1.81)	0.08 (1.78)	0.18*** (2.63)	0.08* (1.77)	0.08 (1.70)
Treat	-0.03 (-0.52)	-0.02 (-0.68)	-0.001 (-0.04)	-0.005 (-0.10)	-0.015 (-0.30)	-0.023 (-0.51)
Profit (-1)	0.08 (0.24)		0.16 (0.47)	-0.49 (-1.20)		-0.42 (-1.10)
ln Sale (-1)	0.52*** (11.19)	0.53*** (11.20)	0.54*** (11.91)	-0.48*** (-9.14)	-0.47*** (-8.65)	-0.46*** (-8.81)
ln Export	0.15*** (7.11)	0.15*** (6.91)	0.14*** (6.87)	0.14** (6.76)	0.14*** (6.46)	0.13*** (6.77)
企业类型	控制	控制	控制	控制	控制	控制
时间	控制			控制		
地区	控制	控制		控制	控制	
常数	88.28*** (2.65)	0.26* (1.55)	0.29* (1.73)	81.25** (2.38)	0.76*** (3.91)	0.68*** (3.99)
R^2	0.96	0.95	0.96	0.41	0.40	0.41
观察值	426	426	426	426	426	426

注：括号对应检验的 t 值。*、** 和 *** 分别表示 10%、5% 和 1% 的显著性。本结果使用 Stata 进行回归，使用 Robust 修正估计。

附表 5-5 企业规模差异的影响：按营业收入高低各 20% 划分处理组与控制组

	ln Sale			G-Sale		
	(1)	(2)	(3)	(4)	(5)	(6)
Post × Treat	-0.42*** (-5.39)	-0.41*** (-5.58)	-0.42*** (-5.95)	-0.42*** (-4.65)	-0.44*** (-4.74)	-0.40*** (-4.87)
Post	0.32*** (2.92)	0.17** (2.22)	0.18** (2.38)	0.36*** (2.93)	0.24*** (2.73)	0.23*** (2.72)

续表

	ln Sale			G – Sale		
	(1)	(2)	(3)	(4)	(5)	(6)
Treat	−0.08 (−0.98)	−0.08 (−0.95)	−0.05 (−0.65)	−0.07 (−0.78)	−0.05 (−0.52)	−0.06 (−0.73)
Profit (−1)	0.21 (0.35)		0.26 (0.55)	−0.70 (−0.95)		−0.60 (−0.90)
ln Sale (−1)	0.38*** (5.30)	0.40*** (5.71)	0.40*** (5.77)	−0.62*** (−7.62)	−0.63*** (−7.15)	−0.62*** (−7.20)
ln Export	0.20*** (6.32)	0.20*** (6.27)	0.20*** (6.39)	0.20*** (5.92)	0.20*** (5.61)	0.20*** (5.87)
企业类型	控制	控制	控制	控制	控制	控制
时间	控制			控制		
地区	控制	控制		控制	控制	
常数项	110.68* (1.93)	0.88*** (3.14)	0.85*** (3.41)	102.43* (1.85)	1.36*** (4.30)	1.26*** (4.44)
R^2	0.96	0.96	0.96	0.53	0.52	0.52
观察值	168	168	168	168	168	168

注：括号对应检验的 t 值。*、** 和 *** 分别表示 10%、5% 和 1% 的显著性。本结果使用 Stata 进行回归，使用 Robust 修正估计。

附表 5-6　企业规模差异的影响：按营业收入高低各 10% 划分处理组与控制组

	ln Sale			G – Sale		
	(1)	(2)	(3)	(4)	(5)	(6)
Post × Treat	−0.77*** (−4.56)	−0.75*** (−4.68)	−0.62*** (−4.67)	−0.86*** (−3.88)	−0.84*** (−3.64)	−0.64*** (−4.00)
Post	0.59*** (3.11)	0.32** (2.22)	0.26** (2.38)	0.68*** (2.93)	0.74** (2.73)	0.37 (2.72)
Treat	−0.10 (−0.98)	−0.07 (−0.95)	−0.06 (−0.65)	−0.22 (−0.97)	−0.05 (−0.37)	−0.09 (−0.27)
Profit (−1)	0.11 (0.07)		0.11 (0.08)	−2.52 (−1.00)		−2.31 (−1.12)
ln Sale (−1)	0.42*** (3.12)	0.40*** (3.68)	0.41*** (3.56)	−0.55*** (−4.71)	−0.63*** (−4.87)	−0.56*** (−4.45)

续表

	ln Sale			G - Sale		
	(1)	(2)	(3)	(4)	(5)	(6)
ln Export	0.15*** (3.49)	0.17*** (3.39)	0.16*** (3.54)	0.14*** (3.15)	0.17*** (2.94)	0.14*** (3.42)
企业类型	控制	控制	控制	控制	控制	控制
时间	控制			控制		
地区	控制	控制		控制	控制	
常数项	210.11** (2.33)	0.93*** (2.93)	1.01*** (3.41)	174.49* (2.31)	1.36*** (3.15)	0.92*** (3.23)
R^2	0.96	0.96	0.96	0.57	0.52	0.48
观察值	70	70	70	70	70	70

注：括号对应检验的 t 值。*、** 和 *** 分别表示 10%、5% 和 1% 的显著性。本结果使用 Stata 进行回归，使用 Robust 修正估计。

3. 出口比重差异的影响

附表 5-7　出口比重差异的影响：按出口比重 50%划分处理组与控制组

	ln Sale			G - Sale		
	(1)	(2)	(3)	(4)	(5)	(6)
Post × Treat	-0.26*** (-6.44)	-0.26*** (-6.33)	-0.26*** (-6.19)	-0.25*** (-6.02)	-0.25*** (-5.99)	-0.25*** (-6.08)
Post	0.22*** (3.59)	0.09* (1.96)	0.08 (1.94)	0.21*** (3.17)	0.09 (1.95)	0.09 (1.87)
Treat	-0.26*** (-5.92)	-0.25*** (-5.63)	-0.22*** (-4.96)	-0.27*** (-5.00)	-0.25*** (-4.69)	-0.23*** (-4.38)
Profit (-1)	0.13 (0.41)		0.23 (0.68)	-0.44 (-1.39)		-0.35 (-1.10)
ln Sale (-1)	0.46*** (10.31)	0.47*** (10.40)	0.49*** (11.24)	-0.55*** (-10.10)	-0.54*** (-9.67)	-0.52*** (-9.44)
ln Export	0.21*** (8.32)	0.21*** (7.98)	0.20*** (7.68)	0.21*** (7.31)	0.20*** (6.90)	0.19*** (7.02)
企业类型	控制	控制	控制	控制	控制	控制
时间	控制			控制		

续表

	ln Sale			G－Sale		
	(1)	(2)	(3)	(4)	(5)	(6)
地区	控制	控制		控制	控制	
常数	104.37*** (3.35)	0.30 (1.64)	0.30* (1.93)	98.72*** (3.07)	0.73*** (3.74)	0.64*** (3.84)
R^2	0.97	0.96	0.97	0.48	0.46	0.45
观察值	426	426	426	426	426	426

注：括号对应检验的 t 值。*、** 和 *** 分别表示 10%、5% 和 1% 的显著性。本结果使用 Stata 进行回归，使用 Robust 修正估计。

附录 6 “摩托车下乡”影响的 Placebo 检验

附表 6－1 Placebo 检验：按地域划分处理组与控制组

	ln Sale			G－Sale		
	(1)	(2)	(3)	(4)	(5)	(6)
Post × Treat	0.01 (0.06)	0.01 (0.04)	0.01 (0.07)	－0.03 (－0.31)	－0.03 (－0.30)	－0.03 (－0.37)
Post	0.09 (0.84)	－0.04 (－0.54)	－0.04 (－0.49)	0.11 (0.98)	－0.01 (－0.08)	－0.01 (－0.09)
Treat	－0.08 (－0.85)	－0.10 (－1.05)	－0.09 (－0.87)	－0.03 (－0.36)	－0.03 (－0.30)	－0.04 (－0.37)
Profit (－1)	0.78 (1.05)		0.78 (1.02)	－0.32 (－0.45)		－0.31 (－0.45)
ln Sale (－1)	0.82*** (20.44)	0.84*** (20.50)	0.82*** (20.56)	－0.20*** (－4.28)	－0.20*** (－3.87)	－0.19*** (－4.24)
ln Export	0.19*** (5.01)	0.19*** (4.16)	0.19*** (5.02)	0.18*** (4.68)	－0.17*** (4.68)	0.17*** (4.65)
企业类型	控制	控制	控制	控制	控制	控制
时间	控制			控制		
常数项	105.76 (1.85)	－0.12 (－0.38)	0.03 (0.10)	74.94 (1.74)	0.54 (1.70)	0.48 (1.66)

续表

	ln Sale			G - Sale		
	(1)	(2)	(3)	(4)	(5)	(6)
R^2	0.39	0.39	0.39	0.38	0.39	0.39
观察值	215	215	215	215	215	215
处理组	广东					
控制组	江浙					

注：括号对应检验的 t 值。*、** 和 *** 分别表示 10%、5% 和 1% 的显著性。本结果使用 Stata 进行回归，使用 Robust 修正估计。

附表 6-2 Placebo 检验：按地域划分处理组与控制组

	ln Sale			G - Sale		
	(1)	(2)	(3)	(4)	(5)	(6)
Post × Treat	0.15 (1.28)	0.15 (1.25)	0.15 (1.29)	0.14 (1.23)	0.14 (1.22)	0.14 (1.24)
Post	-0.03 (-0.28)	-0.18 (-2.22)	-0.18* (-2.09)	-0.05 (-0.47)	-0.18* (-2.22)	-0.17* (-2.15)
Treat	-0.20 (-1.95)	-0.19 (-1.81)	-0.21 (-1.95)	-0.22* (-2.04)	-0.21* (-1.98)	-0.22* (-2.05)
Profit (-1)	1.61* (2.22)		1.75* (2.38)	0.85 (1.80)		0.99* (2.01)
ln Sale (-1)	0.79*** (21.56)	0.81*** (22.41)	0.79*** (21.67)	-0.21** (-6.44)	-0.19*** (-6.00)	-0.21*** (-6.24)
ln Export	0.20*** (6.39)	0.22*** (5.51)	0.19*** (6.32)	0.19*** (7.39)	0.18*** (7.04)	0.17*** (7.13)
企业类型	控制	控制	控制	控制	控制	控制
时间	控制			控制		
常数项	117.6* (2.20)	0.05 (0.13)	0.45 (1.41)	102.8* (2.19)	0.59* (2.01)	0.87** (2.61)
R^2	0.32	0.34	0.34	0.29	0.30	0.30
观察值	180	180	180	180	180	180
处理组	广东					
控制组	重庆					

注：括号对应检验的 t 值。*、** 和 *** 分别表示 10%、5% 和 1% 的显著性。本结果使用 Stata 进行回归，使用 Robust 修正估计。

附表 6－3 Placebo 检验：按地域划分处理组与控制组

	ln Sale			G－Sale		
	(1)	(2)	(3)	(4)	(5)	(6)
Post × Treat	0.03 (0.29)	0.03 (0.24)	0.04 (0.32))	0.07 (0.53)	0.06 (0.52)	0.07 (0.55)
Post	0.14 (1.12)	－0.06 (－0.61)	－0.06 (－0.61)	0.07 (0.52)	－0.10 (－1.05)	－0.10 (－1.05)
Treat	－0.11 (－0.97)	－0.15 (－1.25)	－0.11 (－0.94)	－0.09 (－0.78)	－0.11 (－0.93)	－0.09 (－0.75)
Profit (－1)	1.57 (1.73)		1.87 (1.96)	－0.61 (－1.22)		0.86 (1.61)
ln Sale (－1)	0.82*** (21.79)	0.83*** (21.66)	0.82*** (21.26)	－0.16*** (－4.18)	－0.15*** (－4.29)	－0.15*** (－4.32)
ln Export	0.20*** (6.16)	0.22*** (5.12)	0.19*** (5.70)	0.15*** (6.65)	0.15*** (6.29)	0.14*** (6.12)
企业类型	控制	控制	控制	控制	控制	控制
时间	控制			控制		
常数项	167.1** (2.94)	－0.26 (－0.74)	0.04 (0.11)	141.3* (2.49)	0.22*** (0.70)	0.36 (1.12)
R^2	0.33	0.35	0.38	0.30	0.31	0.31
观察值	150	150	150	150	150	150
处理组	广东					
控制组	其他					

注：括号对应检验的 t 值。*、** 和 *** 分别表示 10%、5% 和 1% 的显著性。本结果使用 Stata 进行回归，使用 Robust 修正估计。

附表 6－4 Placebo 检验：按地域划分处理组与控制组

	ln Sale			G－Sale		
	(1)	(2)	(3)	(4)	(5)	(6)
Post × Treat	0.12 (1.18)	0.12 (1.19)	0.12 (1.19))	0.16 (1.46)	0.16 (1.45)	0.16 (1.46)
Post	－0.19 (－1.85)	－0.20** (－2.74)	－0.20** (－2.74)	－0.18 (－1.66)	－0.18* (－2.37)	－0.18* (－2.42)
Treat	－0.17 (－1.97)	－0.17* (－1.97)	－0.16* (－1.97)	－0.21* (－2.17)	－0.22* (－2.29)	－0.20* (－2.18)

续表

	ln Sale			G – Sale		
	(1)	(2)	(3)	(4)	(5)	(6)
Profit (-1)	0.04 (0.08)		0.04 (0.08)	-0.41 (-0.62)		-0.41 (-0.63)
ln Sale (-1)	0.84 *** (22.64)	0.85 *** (22.31)	0.84 *** (23.29)	-0.20 *** (-4.18)	-0.21 *** (-4.01)	-0.20 *** (-4.25)
ln Export	0.14 *** (4.05)	0.14 *** (4.10)	0.14 *** (4.14)	0.16 *** (4.01)	0.16 *** (4.00)	0.16 *** (4.06)
企业类型	控制	控制	控制	控制	控制	控制
时间	控制			控制		
常数项	4.00 * (2.07)	0.51 * (2.01)	0.52 * (2.02)	7.45 (0.13)	1.04 *** (3.49)	0.93 *** (3.56)
R^2	0.37	0.37	0.38	0.40	0.39	0.39
观察值	205	205	205	205	205	205
处理组	江浙					
控制组	重庆					

注：括号对应检验的 t 值。*、** 和 *** 分别表示 10%、5% 和 1% 的显著性。本结果使用 Stata 进行回归，使用 Robust 修正估计。

附表 6-5 Placebo 检验：按地域划分处理组与控制组

	ln Sale			G – Sale		
	(1)	(2)	(3)	(4)	(5)	(6)
Post × Treat	0.03 (0.30)	0.03 (0.30)	0.04 (0.30)	0.10 (0.72)	0.09 (0.69)	0.09 (0.72)
Post	-0.07 (-0.56)	-0.10 (-1.08)	-0.11 (-1.10)	-0.10 (-0.72)	-0.11 (-1.13)	-0.13 (-1.20)
Treat	-0.04 (-0.37)	-0.03 (-0.36)	-0.04 (-0.37)	-0.07 (-0.68)	-0.06 (-0.60)	-0.07 (-0.68)
Profit (-1)	-0.12 (-0.23)		-0.14 (-0.26)	-0.90 (-1.09)		-0.90 (-1.11)
ln Sale (-1)	0.86 *** (22.67)	0.86 *** (22.41)	0.86 *** (23.22)	-0.16 *** (-3.47)	-0.17 *** (-3.40)	-0.16 *** (-3.53)
ln Export	0.14 *** (3.75)	0.14 *** (3.81)	0.14 *** (3.80)	0.14 *** (3.73)	0.14 *** (3.74)	0.14 *** (3.77)

续表

	ln Sale			G－Sale		
	(1)	(2)	(3)	(4)	(5)	(6)
企业类型	控制	控制	控制	控制	控制	控制
时间	控制			控制		
常数项	27.81 (0.42)	0.19 (0.66)	0.17 (0.62)	18.03 (0.26)	0.68* (2.08)	0.57 (1.90)
R^2	0.39	0.39	0.40	0.42	0.41	0.39
观察值	170	170	170	170	170	170
处理组	江浙					
控制组	其他					

注：括号对应检验的t值。*、** 和 *** 分别表示10%、5%和1%的显著性。本结果使用Stata进行回归，使用Robust修正估计。

附表6－6 Placebo检验：按地域划分处理组与控制组

	ln Sale			G－Sale		
	(1)	(2)	(3)	(4)	(5)	(6)
Post × Treat	－0.08 (－0.73)	－0.08 (－0.72)	－0.09 (－0.72)	－0.06 (－0.50)	－0.06 (－0.50)	－0.06 (－0.50)
Post	－0.06 (－0.50)	－0.11 (－1.16)	－0.10 (－1.13)	－0.10 (－0.75)	－0.12 (－1.28)	－0.12 (－1.25)
Treat	0.14 (1.23)	0.10 (1.89)	0.14 (1.25)	0.16 (1.47)	0.14 (1.31)	0.17 (1.48)
Profit（－1）	0.84 (1.67)		0.86 (1.66)	0.51 (1.11)		0.52 (1.11)
ln Sale（－1）	0.85*** (22.95)	0.86*** (23.98)	0.85*** (23.46)	－0.14*** (－4.06)	－0.14*** (－4.08)	－0.14*** (－4.15)
ln Export	0.13** (3.37)	0.14*** (3.44)	0.14*** (3.42)	0.11*** (4.04)	0.11*** (4.27)	0.11*** (4.17)
企业类型	控制	控制	控制	控制	控制	控制
时间	控制			控制		
常数项	36.24 (0.60)	0.25 (1.05)	0.34 (1.50)	18.20 (0.31)	0.52* (2.05)	0.58* (2.29)
R^2	0.32	0.32	0.33	0.31	0.31	0.32

续表

	ln Sale			G - Sale		
	(1)	(2)	(3)	(4)	(5)	(6)
观察值	134	134	134	134	134	134
处理组	重庆					
控制组	其他					

注：括号对应检验的 t 值。*、** 和 *** 分别表示 10%、5% 和 1% 的显著性。本结果使用 Stata 进行回归，使用 Robust 修正估计。

附表 6-7　Placebo 检验：以平均定价中位数划分处理组与控制组，2010 年为政策时间

	ln Sale			G - Sale		
	(1)	(2)	(3)	(4)	(5)	(6)
Post × Treat	-0.11 (-1.10)	-0.22 (-1.96)	-0.21 (-1.98)	-0.11 (-1.11)	-0.23 (-1.92)	-0.20 (-2.08)
Post	0.36 (1.93)	-0.02 (-0.21)	-0.02 (-0.17)	0.38** (2.09)	0.06 (0.61)	0.06 (0.62)
Treat	-0.77*** (-3.84)	-0.72*** (-3.76)	-0.49*** (-2.87)	-0.82*** (-3.22)	-0.79** (-2.87)	-0.47 (-2.49)
Profit (-1)	-0.04 (-0.03)		-0.33 (-0.31)	-2.20 (-1.11)		-2.33 (-1.56)
ln Sale (-1)	0.41*** (2.69)	0.33*** (2.91)	0.38*** (3.19)	-0.57*** (-3.76)	-0.68*** (-3.70)	-0.58*** (-4.04)
ln Export	0.13*** (2.88)	0.15*** (3.73)	0.16*** (3.75)	0.12** (2.60)	0.16*** (2.84)	0.14*** (3.12)
企业类型	控制	控制	控制	控制	控制	控制
时间	控制			控制		
地区	控制	控制		控制	控制	
常数项	330.46** (2.40)	1.36*** (3.50)	1.06** (2.46)	288.24** (2.62)	1.79*** (3.26)	1.25** (2.59)
R^2	0.96	0.95	0.95	0.60	0.55	0.62
观察值	426	426	426	426	426	426

注：括号对应检验的 t 值。*、** 和 *** 分别表示 10%、5% 和 1% 的显著性。本结果使用 Stata 进行回归，使用 Robust 修正估计。

附表 6-8　Placebo 检验：以平均定价中位数划分处理组与控制组，2011 年为政策时间

	ln Sale			G - Sale		
	(1)	(2)	(3)	(4)	(5)	(6)
Post × Treat	-0.12 (-1.07)	-0.24 (-1.39)	-0.21 (-1.02)	-0.11 (-1.06)	-0.20 (-1.67)	-0.17 (-1.82)
Post	0.07 (0.68)	0.02 (0.18)	0.12 (0.21)	0.05 (0.71)	0.01 (0.16)	0.03 (0.43)
Treat	-0.81 *** (-4.04)	-0.72 *** (-4.02)	-0.48 *** (-2.97)	-0.87 *** (-3.22)	-0.82 ** (-2.87)	-0.50 (-2.49)
Profit (-1)	0.02 (0.01)		-0.35 (-0.31)	-0.20 (-1.04)		-2.33 (-0.12)
ln Sale (-1)	0.36 *** (2.60)	0.31 *** (3.04)	0.37 *** (3.11)	-0.65 *** (-4.08)	-0.68 *** (-3.81)	-0.60 *** (-3.93)
ln Export	0.15 *** (3.23)	0.16 *** (3.94)	0.16 *** (3.65)	0.14 *** (2.78)	0.15 *** (2.68)	0.14 *** (3.06)
企业类型	控制	控制	控制	控制	控制	控制
时间	控制			控制		
地区	控制	控制		控制	控制	
常数项	122.51 * (1.55)	1.26 *** (3.22)	1.04 ** (2.42)	57.2 (0.85)	1.82 *** (3.19)	1.28 *** (2.59)
R^2	0.96	0.95	0.96	0.51	0.54	0.51
观察值	426	426	426	426	426	426

注：括号对应检验的 t 值。*、** 和 *** 分别表示 10%、5% 和 1% 的显著性。本结果使用 Stata 进行回归，使用 Robust 修正估计。

附表 6-9　Placebo 检验：以平均定价中位数划分处理组与控制组，2012 年为政策时间

	ln Sale			G - Sale		
	(1)	(2)	(3)	(4)	(5)	(6)
Post × Treat	-0.24 (-1.94)	-0.18 (-1.24)	-0.17 (-1.10)	-0.25 (-1.09)	-0.16 (-1.52)	-0.11 (-1.35)
Post	-0.36 (-1.88)	-0.30 ** (-2.27)	-0.30 ** (-2.17)	-0.38 *** (-2.89)	-0.22 *** (-3.05)	-0.25 *** (-2.73)
Treat	-0.70 *** (-3.41)	-0.75 *** (-4.28)	-0.52 *** (-3.52)	-0.74 *** (-2.88)	-0.84 *** (-2.97)	-0.53 *** (-2.84)

续表

	ln Sale			G - Sale		
	(1)	(2)	(3)	(4)	(5)	(6)
Profit (-1)	-0.08 (-0.06)		-0.53 (-0.41)	-2.34 (-1.15)		-2.48 (-1.69)
ln Sale (-1)	0.39** (2.56)	0.39*** (2.99)	0.44*** (3.19)	-0.57*** (-4.02)	-0.64*** (-3.52)	-0.53*** (-3.55)
ln Export	0.13*** (2.90)	0.13*** (3.25)	0.13*** (4.18)	0.12** (2.60)	0.14** (2.41)	0.11** (2.61)
企业类型	控制	控制	控制	控制	控制	控制
时间	控制			控制		
地区	控制	控制		控制	控制	
常数项	-56.2 (-0.59)	1.36*** (3.52)	0.95** (2.46)	-126.69 (-1.35)	1.79*** (3.14)	1.20** (2.48)
R^2	0.96	0.96	0.95	0.61	0.51	0.57
观察值	426	426	426	426	426	426

注：括号对应检验的 t 值。*、** 和 *** 分别表示 10%、5% 和 1% 的显著性。本结果使用 Stata 进行回归，使用 Robust 修正估计。

附表 6-10 Placebo 检验：以平均定价 20% 划分处理组与控制组，2010 年为政策时间

	ln Sale			G - Sale		
	(1)	(2)	(3)	(4)	(5)	(6)
Post × Treat	-0.07 (-0.57)	-0.06 (-0.42)	-0.06 (-0.41)	-0.02 (-0.16)	-0.04 (-0.32)	-0.01 (-0.07)
Post	0.40 (2.52)	0.05 (0.47)	0.05 (0.48)	0.32 (1.75)	0.07 (0.60)	0.05 (0.43)
Treat	0.10 (0.91)	0.10 (0.92)	0.12 (1.08)	0.05 (0.44)	0.06 (0.55)	0.09 (0.94)
Profit (-1)	0.30 (0.34)		-0.07 (-0.11)	-0.74 (-0.78)		-0.10 (-1.27)
ln Sale (-1)	0.77*** (11.08)	0.76*** (12.51)	0.77*** (13.28)	-0.25*** (-3.87)	-0.28*** (-4.13)	-0.26*** (-4.11)
ln Export	0.17*** (3.70)	0.18*** (4.05)	0.18*** (3.97)	0.18*** (4.02)	0.19*** (4.14)	0.18 (4.40)

续表

	ln Sale			G - Sale		
	(1)	(2)	(3)	(4)	(5)	(6)
企业类型	控制	控制	控制	控制	控制	控制
时间	控制			控制		
地区	控制	控制		控制	控制	
常数项	270.5 ** (2.94)	0.94 * (2.60)	0.64 (2.00)	217.90 (2.10)	1.43 *** (3.52)	1.11 ** (3.08)
R^2	0.95	0.94	0.95	0.34	0.31	0.20
观察值	140	140	140	140	140	140

注：括号对应检验的 t 值。*、** 和 *** 分别表示 10%、5% 和 1% 的显著性。本结果使用 Stata 进行回归，使用 Robust 修正估计。

附表 6 - 11　Placebo 检验：以平均定价 20% 划分处理组与控制组，2011 年为政策时间

	ln Sale			G - Sale		
	(1)	(2)	(3)	(4)	(5)	(6)
Post × Treat	0.04 (0.25)	0.04 (0.28)	0.04 (0.32)	0.12 (0.83)	0.10 (0.73)	0.12 (0.87)
Post	-0.03 (-0.19)	-0.08 (-0.81)	-0.09 (-0.85)	-0.08 (-0.44)	-0.09 (-0.85)	-0.10 (-0.94)
Treat	0.06 (0.60)	0.10 (0.92)	0.04 (0.32)	-0.01 (0.05)	-0.01 (-0.08)	0.04 (0.47)
Profit (-1)	0.23 (0.27)		-0.18 (-0.26)	-0.82 (-0.88)		-0.11 (-1.31)
ln Sale (-1)	0.75 *** (10.83)	0.75 *** (12.40)	0.77 *** (13.45)	-0.27 *** (-4.04)	-0.29 *** (-4.07)	-0.26 *** (-4.11)
ln Export	0.19 *** (3.88)	0.18 *** (4.05)	0.18 *** (4.01)	0.18 *** (4.06)	0.19 *** (4.14)	0.08 *** (4.15)
企业类型	控制	控制	控制	控制	控制	控制
时间	控制			控制		
地区	控制	控制		控制	控制	
常数项	44.83 (0.53)	0.94 * (2.60)	0.69 * (2.26)	18.11 (0.19)	1.51 *** (3.62)	1.17 * (3.26)
R^2	0.94	0.95	0.95	0.32	0.31	0.30
观察值	140	140	140	140	140	140

注：括号对应检验的 t 值。*、** 和 *** 分别表示 10%、5% 和 1% 的显著性。本结果使用 Stata 进行回归，使用 Robust 修正估计。

附表 6－12 Placebo 检验：以平均定价 20% 划分处理组与控制组，2012 年为政策时间

	ln Sale			G－Sale		
	(1)	(2)	(3)	(4)	(5)	(6)
Post × Treat	－0.05 (－0.32)	－0.05 (－0.31)	－0.05 (－0.37)	0.02 (0.13)	0.01 (0.09)	0.02 (0.13)
Post	－0.27 (－1.89)	－0.19 (－1.56)	－0.19 (－1.56)	－0.31* (－2.21)	－0.19 (－1.49)	－0.20 (－1.58)
Treat	0.07 (0.92)	0.08 (0.97)	0.07 (0.97)	0.03 (0.40)	0.03 (0.32)	0.08 (1.09)
Profit (－1)	0.23 (0.27)		0.77*** (12.67)	－0.77 (－0.79)		－1.10 (－1.31)
ln Sale (－1)	0.75*** (10.81)	0.77*** (12.67)	0.18*** (3.99)	－0.26*** (－3.90)	－0.28*** (－3.92)	－0.25*** (－3.92)
ln Export	0.17*** (3.78)	0.18*** (4.05)	0.18*** (4.01)	0.18*** (4.03)	0.18*** (3.94)	0.18*** (3.97)
企业类型	控制	控制	控制	控制	控制	控制
时间	控制			控制		
地区	控制	控制		控制	控制	
常数项	－67.27 (－1.15)	0.96** (2.81)	0.95** (2.81)	－90.48 (－1.69)	1.47*** (3.62)	1.13* (3.26)
R^2	0.95	0.95	0.96	0.32	0.33	0.30
观察值	140	140	140	140	140	140

注：括号对应检验的 t 值。*、** 和 *** 分别表示 10%、5% 和 1% 的显著性。本结果使用 Stata 进行回归，使用 Robust 修正估计。

附表 6－13 Placebo 检验：以平均定价 10% 划分处理组与控制组，2010 年为政策时间

	ln Sale			G－Sale		
	(1)	(2)	(3)	(4)	(5)	(6)
Post × Treat	－0.01 (－0.04)	－0.01 (－0.02)	0.02 (0.08)	－0.02 (－0.04)	－0.06 (－0.30)	0.01 (0.02)
Post	0.45 (1.59)	－0.05 (－0.32)	－0.06 (－0.41)	0.48 (1.49)	0.05 (0.27)	0.02 (0.09)
Treat	－0.03 (－0.14)	0.05 (0.24)	0.10 (0.69)	－0.02 (－0.09)	－0.11 (－0.49)	0.07 (0.51)

续表

	ln Sale			G - Sale		
	(1)	(2)	(3)	(4)	(5)	(6)
Profit（-1）	-0.52 (-0.26)		-0.05 (-0.03)	-2.52 (-1.26)		-2.07 (-1.12)
ln Sale（-1）	0.85*** (8.50)	0.80*** (9.34)	0.80*** (8.35)	-0.13 (-1.56)	-0.23* (-2.17)	-0.20* (-2.08)
ln Export	0.11 (1.76)	0.16* (2.51)	0.17* (2.45)	0.10 (1.80)	0.16* (2.20)	0.15* (2.30)
企业类型	控制	控制	控制	控制	控制	控制
时间	控制			控制		
地区	控制	控制		控制	控制	
常数项	417.20** (2.67)	0.75 (1.50)	0.59 (1.08)	372.70* (2.39)	1.23* (2.06)	0.83 (1.61)
R^2	0.95	0.95	0.94	0.32	0.34	0.34
观察值	70	70	70	70	70	70

注：括号对应检验的 t 值。*、** 和 *** 分别表示 10%、5% 和 1% 的显著性。本结果使用 Stata 进行回归，使用 Robust 修正估计。

附表 6-14　Placebo 检验：以平均定价 10% 划分处理组与控制组，2011 年为政策时间

	ln Sale			G - Sale		
	(1)	(2)	(3)	(4)	(5)	(6)
Post × Treat	0.11 (0.47)	0.10 (0.43)	0.11 (0.52)	0.20 (0.89)	0.15 (0.72)	0.20 (0.92)
Post	-0.36 (-1.59)	-0.30 (-1.74)	-0.31 (-1.88)	-0.44 (-1.72)	-0.26 (-1.86)	-0.30 (-1.95)
Treat	0.02 (0.09)	0.01 (0.04)	0.05 (0.41)	-0.16 (-0.69)	-0.20 (-0.77)	-0.02 (-0.16)
Profit（-1）	-0.43 (-0.22)		-0.10 (-0.06)	-2.54 (-1.05)		-2.14 (-1.18)
ln Sale（-1）	0.83*** (8.82)	0.82*** (10.10)	0.83*** (9.10)	-0.16 (-1.91)	-0.21* (-2.01)	-0.17 (-1.93)
ln Export	0.14* (2.19)	0.14* (2.31)	0.15* (2.27)	0.13* (2.12)	0.14 (2.00)	0.15* (2.29)

续表

	ln Sale			G - Sale		
	(1)	(2)	(3)	(4)	(5)	(6)
企业类型	控制	控制	控制	控制	控制	控制
时间	控制			控制		
地区	控制	控制		控制	控制	
常数项	-41.33 (-0.37)	0.72 (1.50)	0.56 (1.07)	-127.6 (-0.94)	1.24 (1.99)	0.84 (1.60)
R^2	0.95	0.94	0.93	0.33	0.33	0.32
观察值	70	70	70	70	70	70

注：括号对应检验的 t 值。*、** 和 *** 分别表示 10%、5% 和 1% 的显著性。本结果使用 Stata 进行回归，使用 Robust 修正估计。

附表 6-15　Placebo 检验：以平均定价 10% 划分处理组与控制组，2012 年为政策时间

	ln Sale			G - Sale		
	(1)	(2)	(3)	(4)	(5)	(6)
Post × Treat	-0.11 (-0.38)	-0.12 (-0.41)	-0.11 (-0.39)	0.11 (0.48)	-0.12 (-0.41)	0.10 (0.44)
Post	-0.36 (-1.31)	-0.32 (-1.49)	-0.32 (-1.53)	-0.49* (-2.25)	-0.32 (-1.49)	-0.37* (-2.21)
Treat	0.04 (0.19)	0.03 (0.14)	0.09 (0.83)	-0.15 (-0.71)	0.03 (0.14)	-0.02 (-0.22)
Profit (-1)	-0.59 (-0.27)		-0.29 (-0.14)	-2.71 (-1.06)		-2.29 (-1.19)
ln Sale (-1)	0.85*** (8.18)	0.84*** (9.70)	0.84*** (7.97)	-0.15 (-1.61)	0.84*** (9.70)	-0.16 (-1.62)
ln Export	0.12 (1.81)	0.12 (1.97)	0.13 (1.81)	0.12 (1.82)	0.12 (2.00)	0.15* (2.29)
企业类型	控制	控制	控制	控制	控制	控制
时间	控制			控制		
地区	控制	控制		控制	控制	
常数项	-23.43 (-0.27)	0.76 (1.50)	0.46 (0.84)	-92.43 (-1.04)	0.70 (1.50)	0.76 (1.41)
R^2	0.93	0.92	0.93	0.32	0.43	0.32
观察值	70	70	70	70	70	70

注：括号对应检验的 t 值。*、** 和 *** 分别表示 10%、5% 和 1% 的显著性。本结果使用 Stata 进行回归，使用 Robust 修正估计。

附表 6-16　Placebo 检验：以企业规模中位数划分处理组与控制组，2010 年为政策时间

	ln Sale			G-Sale		
	(1)	(2)	(3)	(4)	(5)	(6)
Post × Treat	-0.23 (-1.67)	-0.14 (-1.05)	-0.13 (-1.53)	-0.37 (-1.44)	-0.28 (-1.06)	-0.30 (-1.05)
Post	-0.18 (-0.79)	-0.01 (-0.09)	0.01 (0.10)	-0.22 (-0.89)	0.02 (0.12)	0.30 *** (0.24)
Treat	-0.23 (-1.67)	-0.05 (-0.06)	0.30 (0.36)	0.01 (0.03)	-0.20 (-0.32)	0.12 (0.19)
Profit (-1)	1.74 (1.23)		1.41 (1.15)	1.09 (0.95)		0.78 (0.75)
ln Sale (-1)	0.56 *** (3.75)	0.64 *** (4.20)	0.57 *** (3.92)	-0.44 *** (-3.06)	-0.40 *** (-2.74)	-0.45 *** (-3.06)
ln Export	0.12 (0.99)	0.12 (1.00)	0.02 (0.20)	0.02 (0.20)	0.02 (0.17)	0.04 (0.40)
企业类型	控制	控制	控制	控制	控制	控制
时间	控制			控制		
地区	控制	控制		控制	控制	
常数项	-179.79 (-1.08)	0.36 (0.37)	1.38 (0.96)	-228.40 (-1.35)	0.79 (0.70)	1.31 (1.15)
R^2	0.97	0.97	0.95	0.30	0.27	0.26
观察值	426	426	426	426	426	426

注：括号对应检验的 t 值。*、** 和 *** 分别表示 10%、5% 和 1% 的显著性。本结果使用 Stata 进行回归，使用 Robust 修正估计。

附表 6-17　Placebo 检验：以企业规模中位数划分处理组与控制组，2011 年为政策时间

	ln Sale			G-Sale		
	(1)	(2)	(3)	(4)	(5)	(6)
Post × Treat	-0.31 (-1.03)	-0.13 (-1.98)	-0.14 (-1.98)	-0.43 (-1.43)	-0.28 (-1.45)	-0.29 (-1.39)
Post	-0.37 (-1.43)	-0.01 (-0.10)	-0.03 (-0.33)	-0.23 (-1.20)	0.03 (0.30)	0.04 (0.43)
Treat	0.42 (0.47)	0.30 (0.35)	-0.03 (-0.05)	0.11 (0.15)	-0.20 (-0.35)	0.12 (-0.18)

续表

	ln Sale			G - Sale		
	(1)	(2)	(3)	(4)	(5)	(6)
Profit (-1)	1.75 (1.21)		1.38 (1.06)	1.08 (0.87)		0.81 (0.74)
ln Sale (-1)	0.55 *** (3.79)	0.63 *** (4.24)	0.57 *** (3.95)	-0.44 *** (-4.08)	-0.40 *** (-3.81)	-0.44 *** (-3.93)
ln Export	0.15 (1.29)	0.13 (1.17)	0.13 (1.01)	0.04 (0.38)	0.02 (0.15)	0.04 (0.38)
企业类型	控制	控制	控制	控制	控制	控制
时间	控制			控制		
地区	控制	控制		控制	控制	
常数项	-294.57 (-1.57)	0.40 (0.42)	1.39 (0.99)	-248.79 (1.45)	0.67 (0.70)	1.47 (1.18)
R^2	0.97	0.98	0.96	0.27	0.31	0.29
观察值	426	426	426	426	426	426

注：括号对应检验的 t 值。*、** 和 *** 分别表示 10%、5% 和 1% 的显著性。本结果使用 Stata 进行回归，使用 Robust 修正估计。

附表 6-18　Placebo 检验：以企业规模中位数划分处理组与控制组，2012 年为政策时间

	ln Sale			G - Sale		
	(1)	(2)	(3)	(4)	(5)	(6)
Post × Treat	-0.24 (-1.48)	-0.14 (-1.57)	-0.15 (-1.20)	-0.41 (-1.61)	-0.27 (-1.36)	-0.28 (-1.35)
Post	-0.08 (-0.37)	-0.01 (-0.12)	0.03 (0.28)	-0.14 (-0.84)	0.001 (0.01)	0.03 (0.24)
Treat	0.27 (0.28)	-0.05 (-0.07)	0.33 (0.36)	-0.02 (-0.03)	-0.20 (-0.32)	0.13 (0.19)
Profit (-1)	1.66 (1.11)		1.46 (1.08)	0.96 (0.76)		0.80 (0.75)
ln Sale (-1)	0.56 *** (3.63)	0.64 *** (4.20)	0.57 *** (3.92)	-0.44 *** (-2.90)	-0.40 *** (-2.75)	-0.43 *** (-3.02)
ln Export	0.11 (0.92)	0.12 (1.00)	0.13 (1.17)	0.01 (0.11)	0.02 (0.17)	0.04 (0.41)

续表

	ln Sale			G - Sale		
	(1)	(2)	(3)	(4)	(5)	(6)
企业类型	控制	控制	控制	控制	控制	控制
时间	控制			控制		
地区	控制	控制		控制	控制	
常数项	-99.72 (-0.71)	0.36 (0.38)	1.40 (0.96)	-153.49 (-1.35)	0.71 (0.76)	0.30 (1.19)
R^2	0.97	0.96	0.96	0.32	0.28	0.25
观察值	426	426	426	426	426	426

注：括号对应检验的 t 值。*、** 和 *** 分别表示 10%、5% 和 1% 的显著性。本结果使用 Stata 进行回归，使用 Robust 修正估计。

附表 6-19 Placebo 检验：以企业规模—营业收入 20% 划分处理组与控制组，2010 年为政策时间

	ln Sale			G - Sale		
	(1)	(2)	(3)	(4)	(5)	(6)
Post × Treat	-0.04 (-0.28)	-0.01 (-0.03)	-0.01 (-0.11)	-0.01 (-0.10)	-0.03 (-0.21)	0.01 (0.02)
Post	0.37* (2.21)	0.02 (0.19)	0.03 (0.26)	0.30 (1.57)	0.06 (0.46)	0.04 (0.33)
Treat	0.23 (1.61)	0.20 (1.58)	0.17 (1.28)	0.20 (1.56)	0.22 (1.62)	0.14 (1.19)
Profit (-1)	0.68 (0.74)		0.12 (0.18)	-0.41 (-0.44)		-0.78 (-1.03)
ln Sale (-1)	0.71*** (9.89)	0.72*** (12.73)	0.74*** (12.66)	-0.29*** (-4.60)	-0.33*** (-4.80)	-0.28*** (-4.76)
ln Export	0.18* (3.98)	0.18** (4.27)	0.18** (4.05)	0.18*** (4.26)	0.19*** (4.31)	0.18*** (4.20)
企业类型	控制	控制	控制	控制	控制	控制
时间	控制			控制		
地区	控制	控制		控制	控制	
常数项	260.4** (2.86)	1.28*** (3.70)	0.92** (2.78)	208.1* (2.03)	1.85*** (4.23)	1.35*** (3.71)
R^2	0.95	0.95	0.96	0.36	0.33	0.30
观察值	140	140	140	140	140	140

注：括号对应检验的 t 值。*、** 和 *** 分别表示 10%、5% 和 1% 的显著性。本结果使用 Stata 进行回归，使用 Robust 修正估计。

附表 6 – 20 Placebo 检验：以企业规模—营业收入 20%划分处理组与控制组，2011 年为政策时间

	ln Sale			G – Sale		
	(1)	(2)	(3)	(4)	(5)	(6)
Post × Treat	–0. 06 (–0. 48)	–0. 04 (–0. 31)	–0. 05 (–0. 31)	–0. 06 (–0. 41)	–0. 07 (–0. 50)	–0. 05 (–0. 32)
Post	0. 03 (0. 17)	–0. 04 (–0. 30)	–0. 03 (–0. 26)	0. 01 (0. 09)	0. 01 (0. 05)	–0. 01 (–0. 03)
Treat	0. 24 * (2. 11)	0. 22 * (1. 99)	0. 17 (1. 69)	0. 23 * (1. 99)	0. 23 * (2. 19)	0. 17 (1. 15)
Profit (–1)	0. 76 (0. 88)		0. 13 (0. 20)	–0. 30 (–0. 32)		–0. 75 (–0. 90)
ln Sale (–1)	0. 71 *** (9. 87)	0. 72 *** (12. 65)	0. 75 *** (12. 91)	–0. 32 *** (–4. 88)	–0. 33 *** (–4. 61)	–0. 28 *** (–4. 62)
ln Export	0. 18 *** (4. 10)	0. 18 ** (4. 23)	0. 18 ** (4. 03)	0. 18 *** (4. 25)	0. 19 *** (4. 16)	0. 18 *** (4. 12)
企业类型	控制	控制	控制	控制	控制	控制
时间	控制			控制		
地区	控制	控制		控制	控制	
常数项	41. 08 (0. 50)	1. 30 *** (3. 79)	0. 94 ** (2. 94)	14. 97 (0. 16)	1. 87 *** (4. 03)	1. 37 *** (3. 74)
R^2	0. 95	0. 94	0. 92	0. 33	0. 32	0. 30
观察值	140	140	140	140	140	140

注：括号对应检验的 t 值。*、** 和 *** 分别表示 10%、5% 和 1% 的显著性。本结果使用 Stata 进行回归，使用 Robust 修正估计。

附表 6 – 21 Placebo 检验：以企业规模—营业收入 20%划分处理组与控制组，2012 年为政策时间

	ln Sale			G – Sale		
	(1)	(2)	(3)	(4)	(5)	(6)
Post × Treat	–0. 03 (–0. 20)	–0. 03 (–0. 18)	–0. 04 (–0. 20)	–0. 01 (–0. 12)	–0. 02 (–0. 14)	–0. 02 (–0. 12)
Post	–0. 27 (–1. 59)	–0. 19 (–1. 30)	–0. 19 (–1. 26)	–0. 28 (–1. 77)	–0. 16 (–1. 12)	–0. 17 (–1. 19)

续表

	ln Sale			G - Sale		
	(1)	(2)	(3)	(4)	(5)	(6)
Treat	0.21 (1.91)	0.20 (1.93)	0.16 (1.62)	0.19 (1.96)	0.20 (2.12)	0.14 (1.54)
Profit (-1)	0.65 (0.68)		0.01 (0.01)	-0.42 (-0.43)		-0.87 (-1.07)
ln Sale (-1)	0.71 *** (9.59)	0.73 *** (12.14)	0.75 *** (12.84)	-0.30 *** (-4.63)	-0.32 *** (-4.61)	-0.27 *** (-4.41)
ln Export	0.18 *** (3.98)	0.18 ** (4.15)	0.17 ** (3.86)	0.19 *** (4.25)	0.19 *** (4.08)	0.17 *** (3.97)
企业类型	控制	控制	控制	控制	控制	控制
时间	控制			控制		
地区	控制	控制		控制	控制	
常数项	-66.46 (-1.15)	1.28 *** (3.88)	0.91 ** (2.98)	-89.49 (-1.68)	1.87 *** (4.16)	1.35 *** (3.88)
R^2	0.95	0.95	0.95	0.33	0.35	0.32
观察值	140	140	140	140	140	140

注：括号对应检验的 t 值。*、** 和 *** 分别表示 10%、5% 和 1% 的显著性。本结果使用 Stata 进行回归，使用 Robust 修正估计。

附表 6-22 Placebo 检验：以企业规模—营业收入 10% 划分处理组与控制组，2010 年为政策时间

	ln Sale			G - Sale		
	(1)	(2)	(3)	(4)	(5)	(6)
Post × Treat	-0.01 (-0.02)	0.04 (0.19)	-0.01 (-0.05)	0.07 (0.31)	-0.04 (-0.21)	-0.01 (-0.05)
Post	0.53 * (2.16)	-0.03 (-0.20)	-0.01 (-0.10)	-0.35 (-1.16)	0.09 (0.50)	-0.01 (-0.07)
Treat	0.47 (1.99)	0.45 * (2.58)	0.51 * (2.27)	0.32 (1.27)	0.47 * (2.62)	0.51 (2.27)
Profit (-1)	1.74 (1.23)		1.50 (0.70)	-1.25 (-0.39)		1.50 (0.75)
ln Sale (-1)	0.72 *** (5.44)	0.70 *** (8.84)	0.65 *** (5.79)	-0.29 ** (-3.09)	-0.35 ** (-2.88)	0.65 *** (5.76)

续表

	ln Sale			G - Sale		
	(1)	(2)	(3)	(4)	(5)	(6)
ln Export	0.15* (2.26)	0.18** (3.18)	0.19** (3.07)	0.17** (2.84)	0.19* (2.49)	0.19* (3.07)
企业类型	控制	控制	控制	控制	控制	控制
时间	控制			控制		
地区	控制	控制		控制	控制	
常数项	449.6 (2.89)	1.36** (2.98)	1.81* (2.53)	-130.9 (-0.83)	1.82** (2.88)	1.81* (2.53)
R^2	0.95	0.94	0.95	0.35	0.31	0.26
观察值	70	70	70	70	70	70

注：括号对应检验的 t 值。*、** 和 *** 分别表示 10%、5% 和 1% 的显著性。本结果使用 Stata 进行回归，使用 Robust 修正估计。

附表 6-23 Placebo 检验：以企业规模—营业收入 10% 划分处理组与控制组，2011 年为政策时间

	ln Sale			G - Sale		
	(1)	(2)	(3)	(4)	(5)	(6)
Post × Treat	0.02 (0.11)	0.07 (0.30)	0.03 (0.14)	-0.37 (-1.44)	0.04 (0.22)	0.07 (0.30)
Post	-0.25 (-1.07)	-0.24 (-1.49)	-0.22 (-1.45)	-0.22 (-0.89)	-0.17 (-1.30)	-0.20 (-1.24)
Treat	0.51* (3.28)	0.40** (2.78)	0.45* (2.36)	0.01 (0.03)	0.40** (2.98)	0.31 (1.98)
Profit (-1)	1.60 (0.65)		1.34 (0.62)	1.09 (0.95)		-1.06 (-0.55)
ln Sale (-1)	0.66*** (6.11)	0.73*** (9.20)	0.69*** (6.41)	-0.44*** (-3.06)	-0.32** (-2.69)	-0.28*** (-3.49)
ln Export	0.17** (2.93)	0.16** (2.98)	0.17** (2.90)	0.02 (0.20)	0.17* (2.33)	0.15** (2.86)
企业类型	控制	控制	控制	控制	控制	控制
时间	控制			控制		
地区	控制	控制		控制	控制	

续表

	ln Sale			G – Sale		
	(1)	(2)	(3)	(4)	(5)	(6)
常数项	-24.56 (-0.20)	1.32** (2.84)	1.70* (2.48)	-228.40 (-1.35)	1.82* (2.56)	1.31 (1.15)
R^2	0.94	0.95	0.95	0.30	0.27	0.26
观察值	70	70	70	70	70	70

注：括号对应检验的 t 值。*、** 和 *** 分别表示 10%、5% 和 1% 的显著性。本结果使用 Stata 进行回归，使用 Robust 修正估计。

附表 6-24 Placebo 检验：以企业规模—营业收入 10% 划分处理组与控制组，2012 年为政策时间

	ln Sale			G – Sale		
	(1)	(2)	(3)	(4)	(5)	(6)
Post × Treat	-0.08 (-0.24)	-0.06 (-0.21)	-0.07 (-0.25)	0.02 (0.11)	0.01 (0.02)	0.02 (0.05)
Post	-0.35 (-1.20)	-0.33 (-1.49)	-0.31 (-1.28)	-0.42 (-1.89)	-0.27 (-1.86)	-0.30 (-1.24)
Treat	0.50* (2.16)	0.43** (2.90)	0.46* (2.01)	0.32 (1.42)	0.41** (3.26)	0.32* (2.05)
Profit (-1)	1.16 (0.42)		1.04 (0.40)	-1.09 (0.52)		-1.30 (-0.65)
ln Sale (-1)	0.70*** (5.21)	0.74*** (8.51)	0.71*** (5.02)	-0.26* (-2.42)	-0.31* (-2.43)	-0.26* (-2.60)
ln Export	0.16 (2.35)	0.14* (2.49)	0.15* (2.20)	0.15* (2.30)	0.16* (2.06)	0.13* (2.31)
企业类型	控制	控制	控制	控制	控制	控制
时间	控制			控制		
地区	控制	控制		控制	控制	
常数项	-30.47 (-0.38)	1.36* (2.63)	1.56 (1.85)	-101.10 (-1.16)	1.79* (2.47)	1.56 (2.56)
R^2	0.95	0.95	0.93	0.38	0.35	0.35
观察值	70	70	70	70	70	70

注：括号对应检验的 t 值。*、** 和 *** 分别表示 10%、5% 和 1% 的显著性。本结果使用 Stata 进行回归，使用 Robust 修正估计。

附表 6－25 Placebo 检验：以出口比重 50%划分处理组与控制组，2010 年为政策时间

	ln Sale			G－Sale		
	(1)	(2)	(3)	(4)	(5)	(6)
Post × Treat	－0.13 (－0.66)	－0.38 (－1.39)	－0.38 (－1.90)	－0.36 (－1.25)	－0.32 (－1.24)	－0.36 (－0.98)
Post	0.36 (1.71)	0.05 (0.67)	0.06 (0.72)	0.40 (1.86)	0.14 (1.33)	0.13 (1.32)
Treat	－0.28 (－1.55)	－0.31*** (－2.07)	－0.33*** (－2.42)	－0.25 (－1.35)	－0.32 (－1.66)	－0.32 (－2.42)
Profit (－1)	0.33 (0.19)		0.37 (0.31)	－1.94 (－0.85)		－1.60 (－1.22)
ln Sale (－1)	0.50*** (3.69)	0.44*** (4.01)	0.44*** (4.02)	－0.45*** (－3.04)	－0.55*** (－3.59)	－0.52*** (－4.06)
ln Export	0.20*** (2.47)	0.22*** (3.47)	0.22*** (3.75)	0.18** (2.18)	0.22*** (2.52)	0.20*** (3.24)
企业类型	控制	控制	控制	控制	控制	控制
时间	控制			控制		
地区	控制	控制		控制	控制	
常数项	260.88 (1.62)	0.67*** (1.61)	0.74** (1.78)	220.09 (1.62)	1.07** (2.54)	0.93** (2.26)
R^2	0.96	0.95	0.95	0.52	0.48	0.49
观察值	426	426	426	426	426	426

注：括号对应检验的 t 值。*、** 和 *** 分别表示 10%、5% 和 1% 的显著性。本结果使用 Stata 进行回归，使用 Robust 修正估计。

附表 6－26 Placebo 检验：以出口比重 50%划分处理组与控制组，2011 年为政策时间

	ln Sale			G－Sale		
	(1)	(2)	(3)	(4)	(5)	(6)
Post × Treat	－0.37 (－1.92)	－0.31 (－1.66)	－0.32 (－1.94)	－0.40 (－1.24)	－0.30 (－1.44)	－0.20 (－1.70)
Post	－0.27 (－1.77)	－0.15 (－1.41)	－0.45 (－1.41)	－0.36** (－2.67)	－0.11 (－1.30)	－0.12 (－1.53)
Treat	－0.28** (2.92)	－0.29 (－1.91)	－0.30 (－2.05)	－0.24 (－1.33)	－0.32 (－1.52)	－0.31 (－2.23)

续表

	ln Sale			G－Sale		
	(1)	(2)	(3)	(4)	(5)	(6)
Profit (－1)	0.60 (0.36)		0.30 (0.22)	－1.64 (－0.76)		－1.66 (－1.17)
ln Sale (－1)	0.44 *** (3.22)	0.47 *** (3.62)	0.47 *** (3.77)	－0.52 *** (－3.72)	－0.53 *** (－3.14)	－0.48 *** (－3.57)
ln Export	0.20 *** (2.69)	0.20 *** (3.04)	0.21 *** (3.21)	0.19 ** (2.38)	0.21 ** (2.45)	0.19 ** (2.77)
企业类型	控制	控制	控制	控制	控制	控制
时间	控制			控制		
地区	控制	控制		控制	控制	
常数项	－106.38 (－1.12)	0.70 (1.42)	0.74 (1.77)	－217.24 ** (－2.45)	1.10 ** (2.53)	0.97 ** (2.21)
R^2	0.96	0.98	0.96	0.47	0.48	0.46
观察值	426	426	426	426	426	426

注：括号对应检验的 t 值。*、** 和 *** 分别表示 10%、5% 和 1% 的显著性。本结果使用 Stata 进行回归，使用 Robust 修正估计。

附表 6－27 Placebo 检验：以出口比重 50% 划分处理组与控制组，2012 年为政策时间

	ln Sale			G－Sale		
	(1)	(2)	(3)	(4)	(5)	(6)
Post × Treat	－0.45 (－1.68)	－0.34 (－0.99)	－0.34 (－1.32)	－0.49 (－1.39)	－0.33 (－1.62)	－0.28 (－1.04)
Post	－0.41 (－2.04)	－0.24 (－1.70)	－0.23 (－1.67)	－0.45 (－3.14)	－0.16 (－1.75)	－0.19 (－2.11)
Treat	－0.23 (－1.26)	－0.27 (－1.73)	－0.28 (－1.95)	－0.20 (－1.14)	－0.31 (－1.43)	－0.29 (－2.09)
Profit (－1)	0.20 (0.12)		0.10 (0.07)	－2.08 (－0.93)		－1.81 (－1.27)
ln Sale (－1)	0.47 *** (3.11)	0.50 *** (3.75)	0.50 *** (3.57)	－0.48 *** (－3.30)	－0.50 *** (－2.94)	－0.47 *** (－3.33)
ln Export	0.18 ** (2.29)	0.22 *** (2.79)	0.19 *** (2.82)	0.17 ** (2.09)	0.20 *** (2.02)	0.18 ** (2.58)

续表

	ln Sale			G – Sale		
	(1)	(2)	(3)	(4)	(5)	(6)
企业类型	控制	控制	控制	控制	控制	控制
时间	控制			控制		
地区	控制	控制		控制	控制	
常数项	–144.67 (–1.62)	0.71 (1.82)	0.70 (1.71)	–225.28** (–2.30)	1.11** (2.60)	0.93** (2.18)
R^2	0.97	0.97	0.96	0.54	0.48	0.49
观察值	426	426	426	426	426	426

注：括号对应检验的 t 值。*、** 和 *** 分别表示 10%、5% 和 1% 的显著性。本结果使用 Stata 进行回归，使用 Robust 修正估计。

附录 7　钢材价格指数与每车利润关系

1. 全国

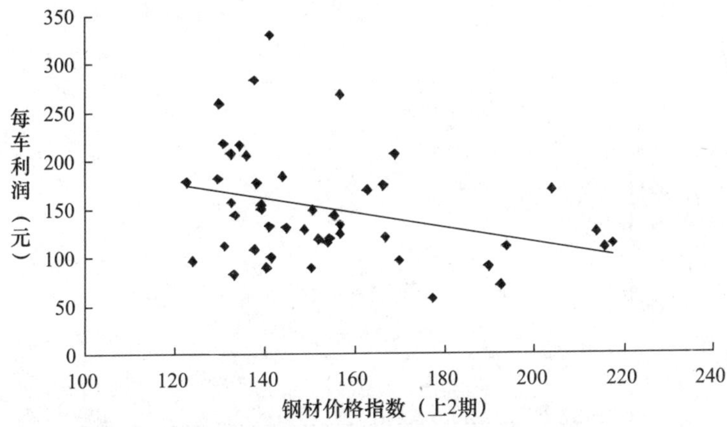

附图 7 – 1　每车利润与钢材价格指数（上 2 期）关系：全国

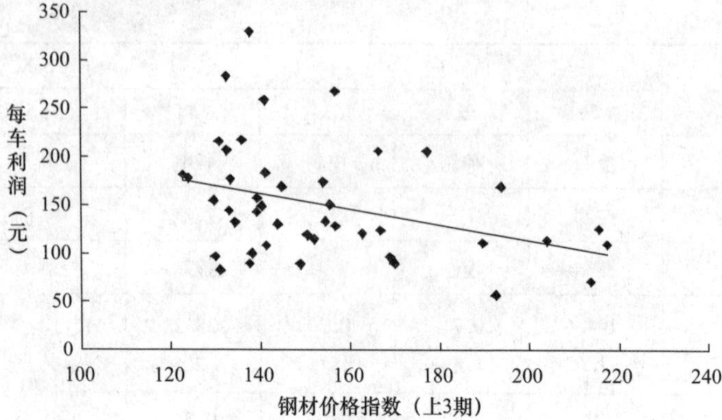

附图 7-2　每车利润与钢材价格指数（上 3 期）关系：全国

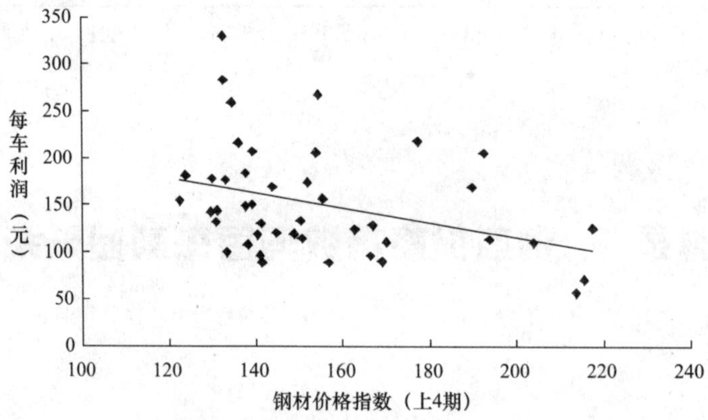

附图 7-3　每车利润与钢材价格指数（上 4 期）关系：全国

2. 广东板块

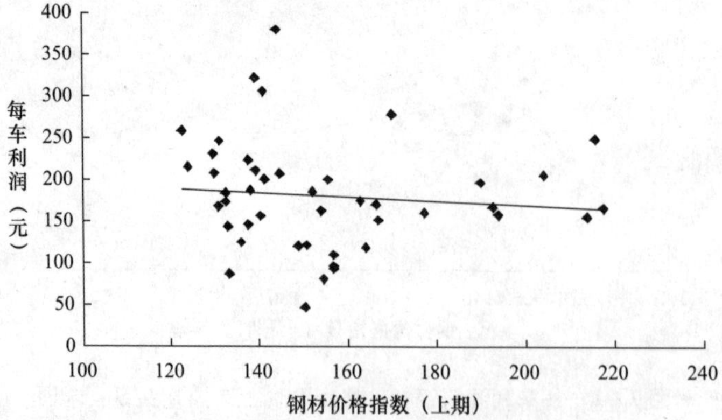

附图 7-4　每车利润与钢材价格指数（上期）关系：广东

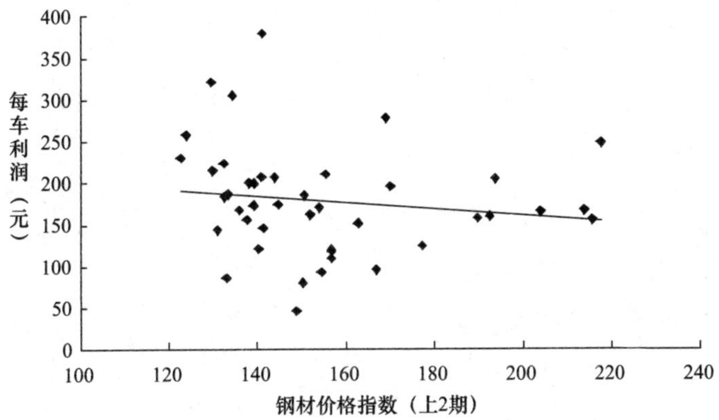

附图7－5　每车利润与钢材价格指数（上2期）关系：广东

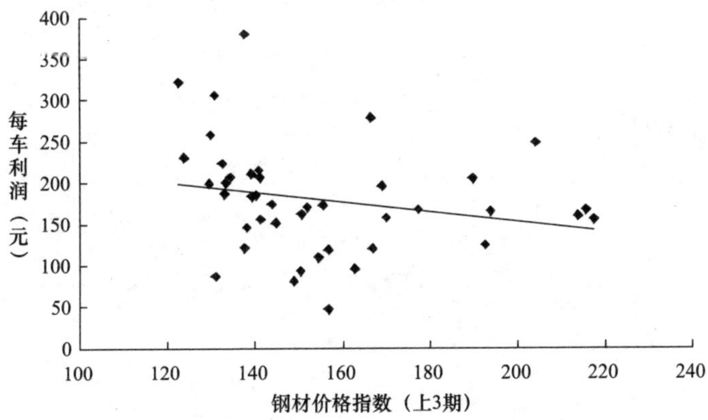

附图7－6　每车利润与钢材价格指数（上3期）关系：广东

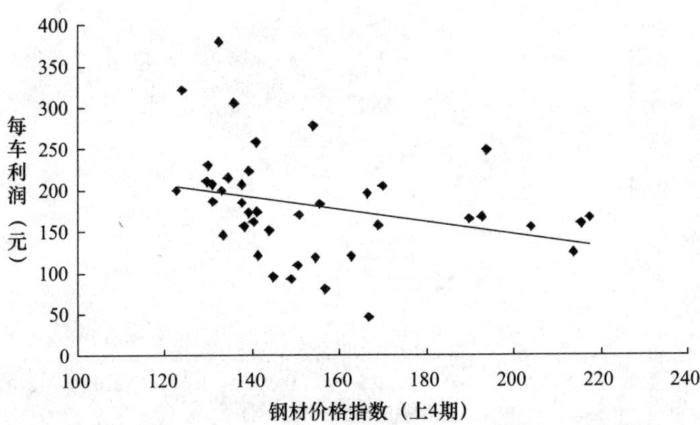

附图7－7　每车利润与钢材价格指数（上4期）关系：广东

3. 重庆板块

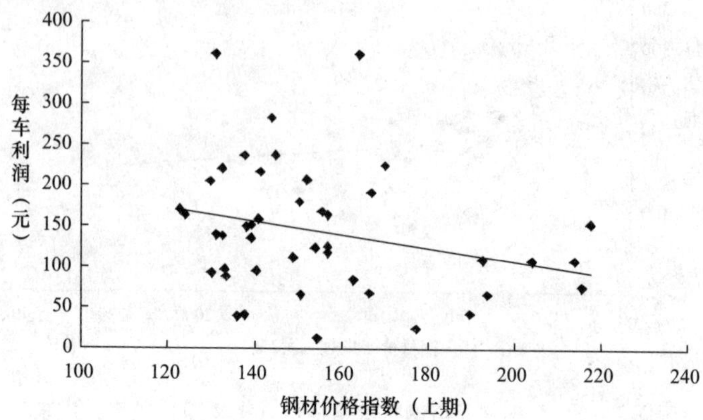

附图7-8 每车利润与钢材价格指数（上期）关系：重庆

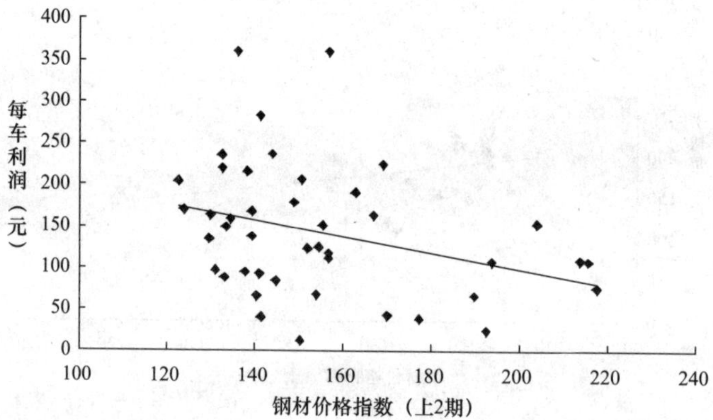

附图7-9 每车利润与钢材价格指数（上2期）关系：重庆

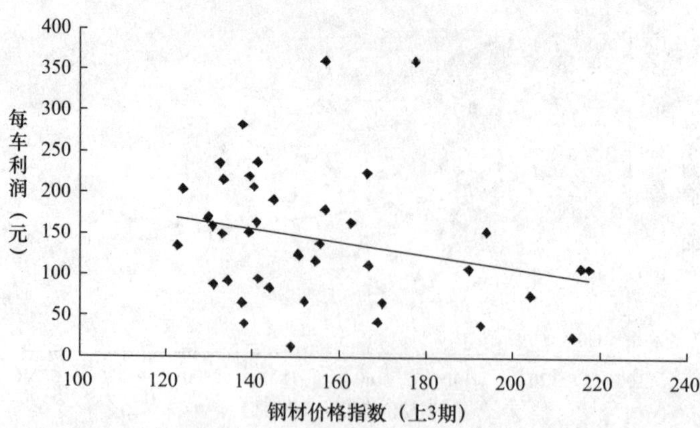

附图7-10 每车利润与钢材价格指数（上3期）关系：重庆

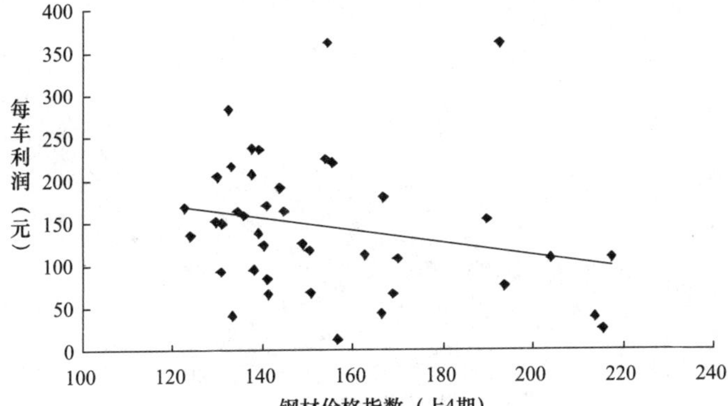

附图 7－11　每车利润与钢材价格指数（上 4 期）关系：重庆

4. 江浙板块

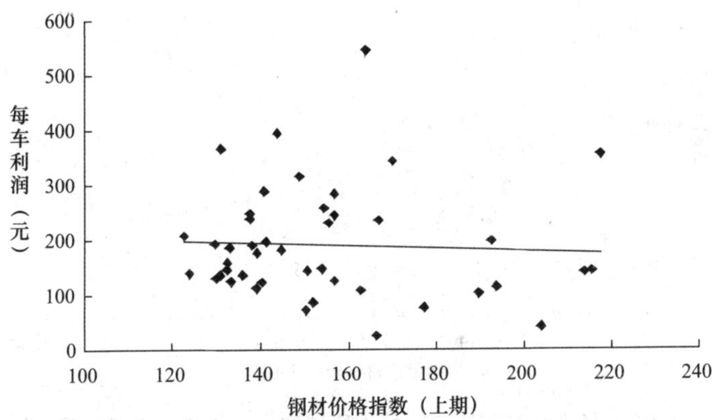

附图 7－12　每车利润与钢材价格指数（上期）关系：江浙

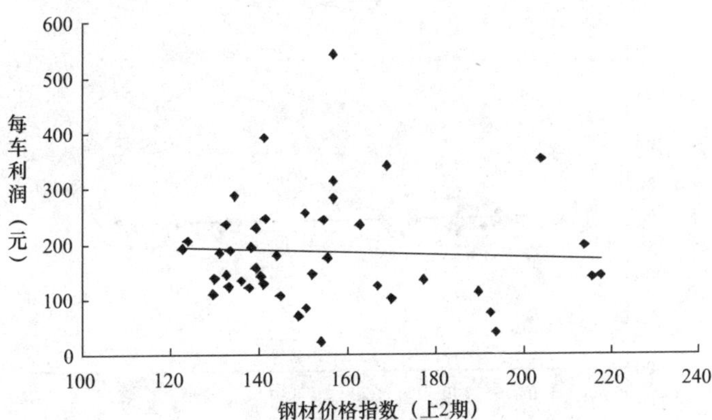

附图 7－13　每车利润与钢材价格指数（上 2 期）关系：江浙

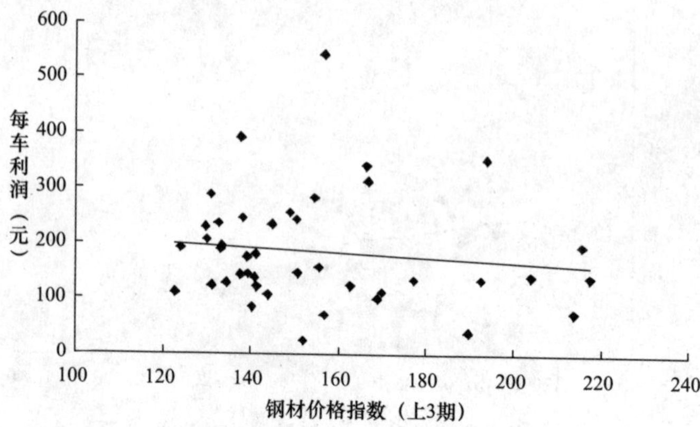

附图 7－14　每车利润与钢材价格指数（上 3 期）关系：江浙

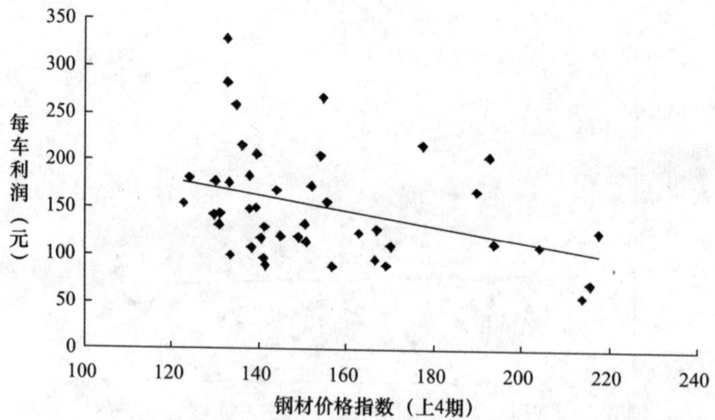

附图 7－15　每车利润与钢材价格指数（上 4 期）关系：江浙

5. 其他地区

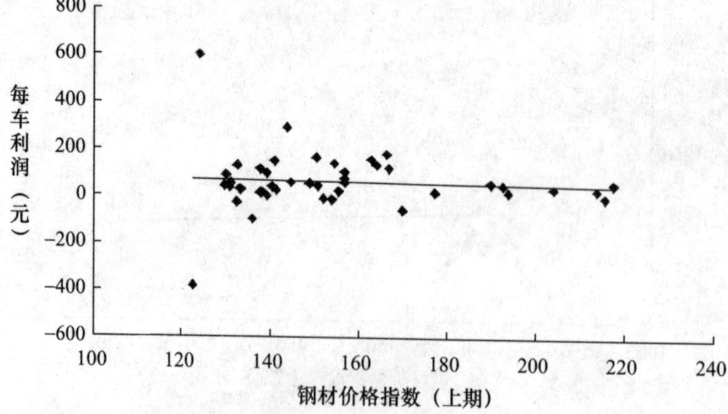

附图 7－16　每车利润与钢材价格指数（上期）关系：其他

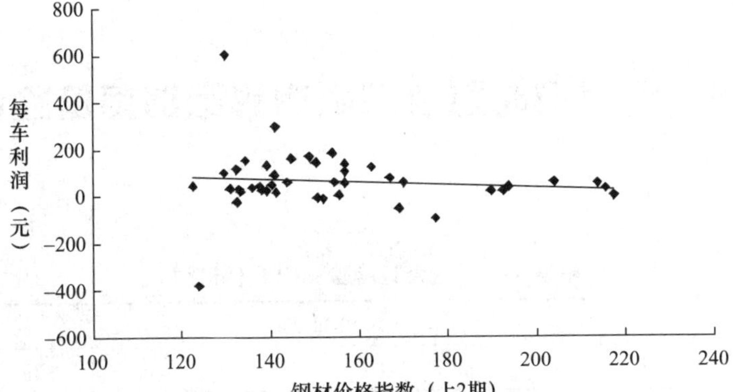

附图 7－17 每车利润与钢材价格指数（上 2 期）关系：其他

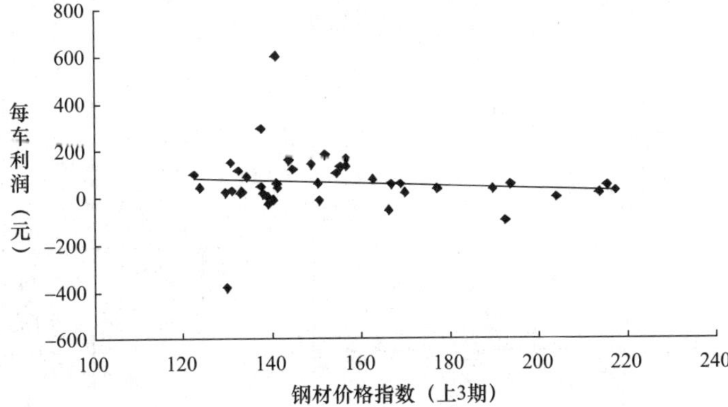

附图 7－18 每车利润与钢材价格指数（上 3 期）关系：其他

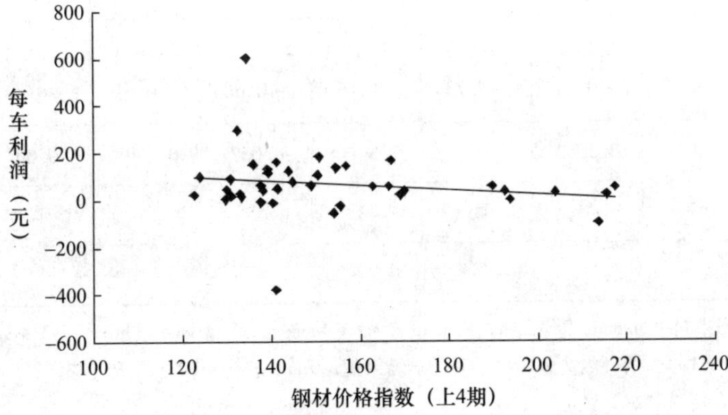

附图 7－19 每车利润与钢材价格指数（上 4 期）关系：其他

附录8　钢材价格对每车利润影响的稳健性检验

附表8-1　稳健性检验：CPI（环比）

	Profit_Rate							
	(1)	(2)	(3)	(4)	(5)	(6)	(7)	(8)
CPI_{Lag1}	3.35 (1.18)	2.00 (0.72)						
CPI_{Lag2}			3.73 (1.26)	1.80 (0.64)				
CPI_{Lag3}					3.59 (1.17)	2.35 (0.83)		
CPI_{Lag4}							2.64 (0.84)	1.30 (0.47)
Income		控制		控制		控制		控制
Growth		控制		控制		控制		控制
Month		控制		控制		控制		控制
常数项	-172.35 (-0.63)	-149.41 (-0.64)	-209.73 (-0.73)	-110.54 (-0.45)	-195.24 (-0.66)	-156.36 (-0.61)	-101.55 (-0.33)	-44.19 (-0.16)
Adj. R^2	0.0085	0.3062	0.0128	0.3060	0.082	0.2998	-0.0071	0.2848
观察值	47	44	46	43	45	42	44	41
样本	2007~2010年，月度							

注：CPI数据来自Economic Research，Federal Reserve Bank of ST. Louis.（https：//research. stlouisfed. org/），2010指数=100。括号内为检验的t值。本结果使用Stata进行回归。由于《快讯》中缺少部分月度数据，故样本量有所缺失。

附表 8－2　稳健性检验：CPI（同比）

	Profit_Rate							
	(1)	(2)	(3)	(4)	(5)	(6)	(7)	(8)
$CPI_{Lag\ 1}$	－0.01 (－0.28)	－0.00 (－0.16)						
$CPI_{Lag\ 2}$			－0.00 (－0.12)	0.00 (0.08)				
$CPI_{Lag\ 3}$					0.01 (0.35)	0.02 (0.56)		
$CPI_{Lag\ 4}$							0.00 (0.13)	0.02 (0.55)
Income		控制		控制		控制		控制
Growth		控制		控制		控制		控制
Month		控制		控制		控制		控制
常数项	2.04 (0.63)	－0.46 (－0.15)	1.50 (0.45)	－1.13 (－0.38)	－0.01 (－0.00)	－2.63 (－0.85)	0.71 (0.21)	－2.62 (－0.79)
Adj. R^2	－0.0278	0.3729	－0.0308	0.3723	－0.0282	0.3490	－0.0328	0.3515
观察值	35	30	34	30	33	29	32	28
样本	2008～2010年，月度							

注：CPI数据来自国家统计局网站，指数为与上年同月比。与同比CPI匹配，Profit_Rate、Income、Growth均为与上年同月比值。括号内为检验的t值。本结果使用Stata进行回归。由于《快讯》中缺少部分月度数据，故样本量有所缺失。

附表 8－3　稳健性检验：PPI（同比）

	Profit_Rate							
	(1)	(2)	(3)	(4)	(5)	(6)	(7)	(8)
$PPI_{Lag\ 1}$	－0.00 (－0.39)	－0.00 (－0.18)						
$PPI_{Lag\ 2}$			－0.00 (－0.01)	0.00 (0.24)				
$PPI_{Lag\ 3}$					0.00 (0.23)	0.00 (0.43)		

续表

	Profit_Rate							
	(1)	(2)	(3)	(4)	(5)	(6)	(7)	(8)
$PPI_{Lag\ 4}$							0.01 (0.50)	0.01 (0.84)
Income		控制		控制		控制		控制
Growth		控制		控制		控制		控制
Month		控制		控制		控制		控制
常数项	1.55 (1.39)	-0.73 (-0.50)	1.13 (0.99)	-1.13 (-0.79)	0.88 (0.77)	-1.43 (-0.94)	0.57 (0.49)	-1.88 (-1.18)
Adj. R^2	-0.0257	0.3732	-0.0312	0.3741	-0.0306	0.3436	-0.0247	0.3686
观察值	35	30	34	30	33	29	32	28
样本	2008~2010年，月度							

注：PPI数据来自国家统计局网站，指数为与上年同月比。与同比PPI匹配，Profit_Rate、Income、Growth均为与上年同月比值。括号内为检验的t值。本结果使用Stata进行回归。由于《快讯》中缺少部分月度数据，故样本量有所缺失。

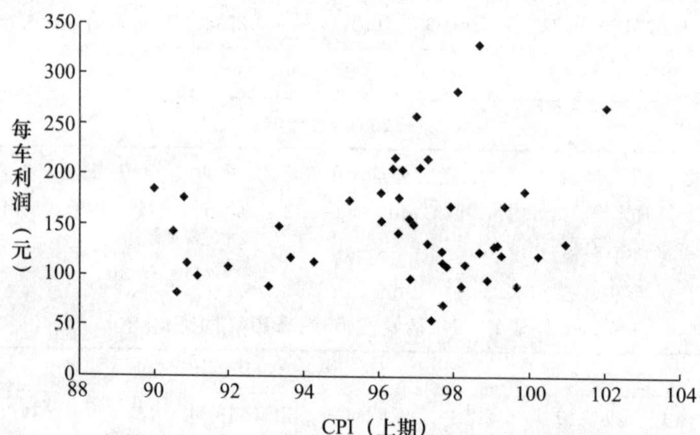

附图8-1　每车利润与环比CPI（上期）散点图

注：CPI数据来自Economic Research，Federal Reserve Bank of ST. Louis（https：//research. stlouisfed. org/），2010指数=100。

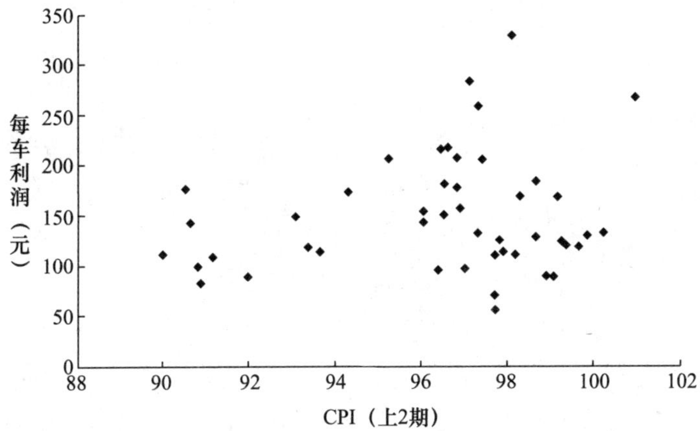

附图 8-2 每车利润与环比 CPI（上 2 期）散点图

注：CPI 数据来自 Economic Research，Federal Reserve Bank of ST. Louis（https：//research. stlouisfed. org/），2010 指数 = 100。

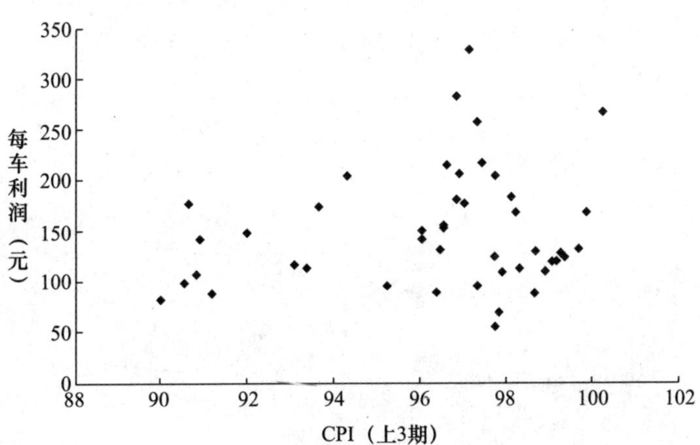

附图 8-3 每车利润与环比 CPI（上 3 期）散点图

注：CPI 数据来自 Economic Research，Federal Reserve Bank of ST. Louis（https：//research. stlouisfed. org/），2010 指数 = 100。

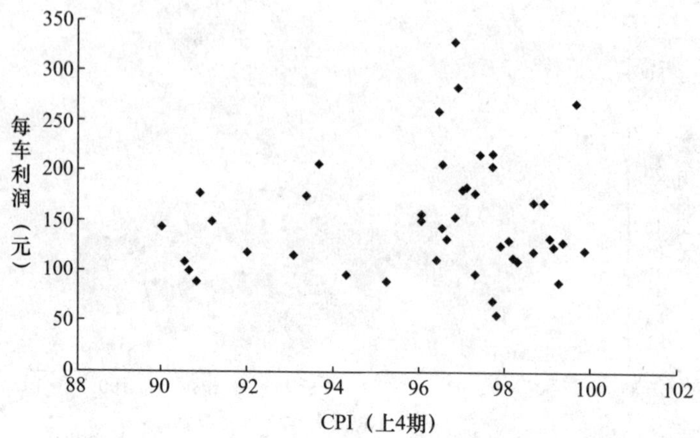

附图 8-4　每车利润与环比 CPI（上 4 期）散点图

注：CPI 数据来自 Economic Research，Federal Reserve Bank of ST. Louis（https：//research. stlouisfed. org/），2010 指数 =100。

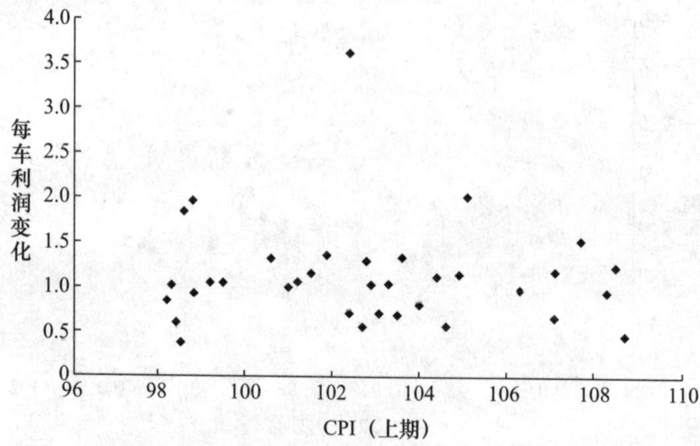

附图 8-5　每车利润与同比 CPI（上期）散点图

注：CPI 数据来自国家统计局网站，指数为与上年同月比。与同比 CPI 匹配，每车利润为与上年同月比值。

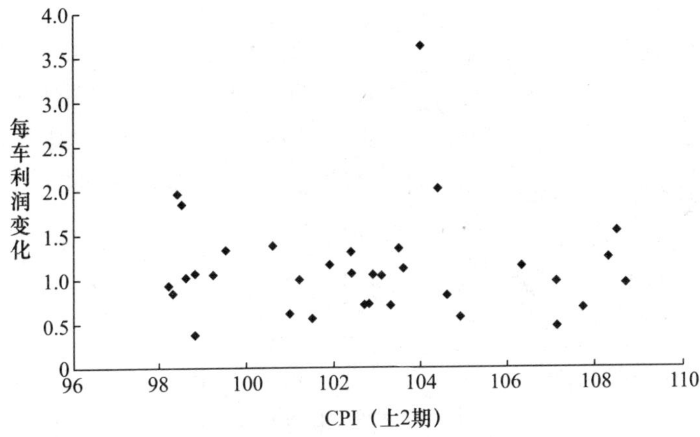

附图8－6 每车利润与同比CPI（上2期）散点图

注：CPI数据来自国家统计局网站，指数为与上年同月比。与同比CPI匹配，每车利润为与上年同月比值。

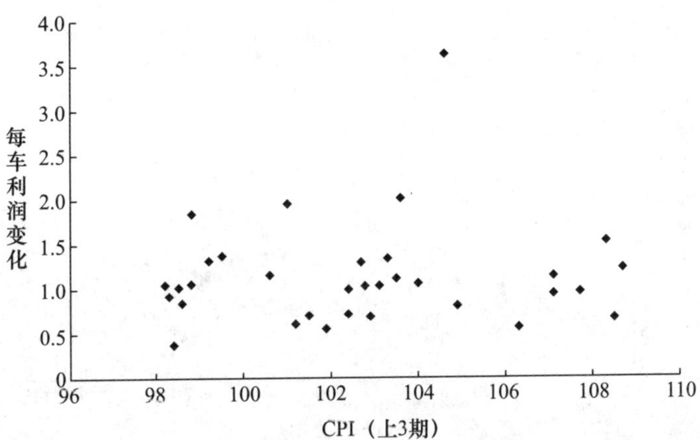

附图8－7 每车利润与同比CPI（上3期）散点图

注：CPI数据来自国家统计局网站，指数为与上年同月比。与同比CPI匹配，每车利润为与上年同月比值。

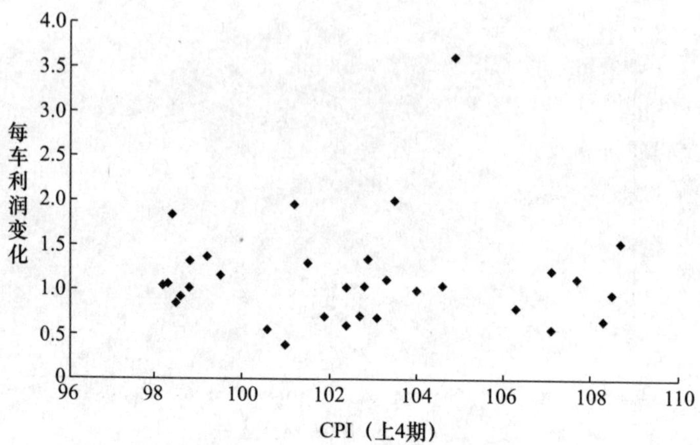

附图8-8　每车利润与同比CPI（上4期）散点图

注：CPI数据来自国家统计局网站，指数为与上年同月比。与同比CPI匹配，每车利润为与上年同月比值。

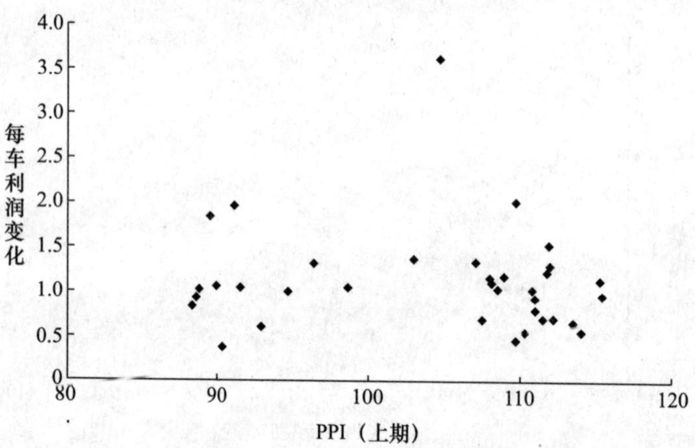

附图8-9　每车利润与同比PPI（上期）散点图

注：PPI数据来自国家统计局网站，指数为与上年同月比。与同比CPI匹配，每车利润为与上年同月比值。

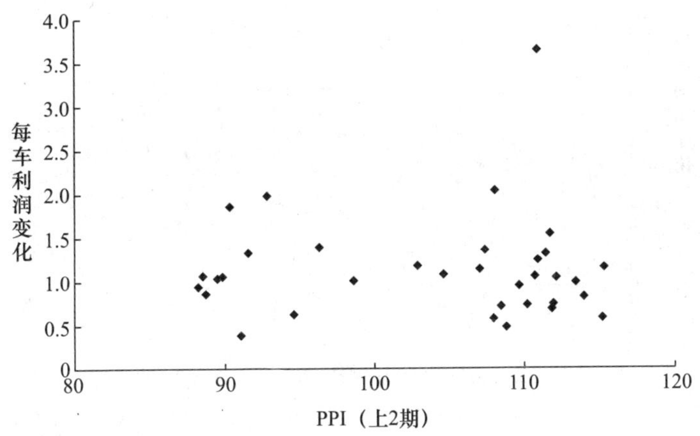

附图 8－10 每车利润与同比 PPI（上 2 期）散点图

注：PPI 数据来自国家统计局网站，指数为与上年同月比。与同比 CPI 匹配，每车利润为与上年同月比值。

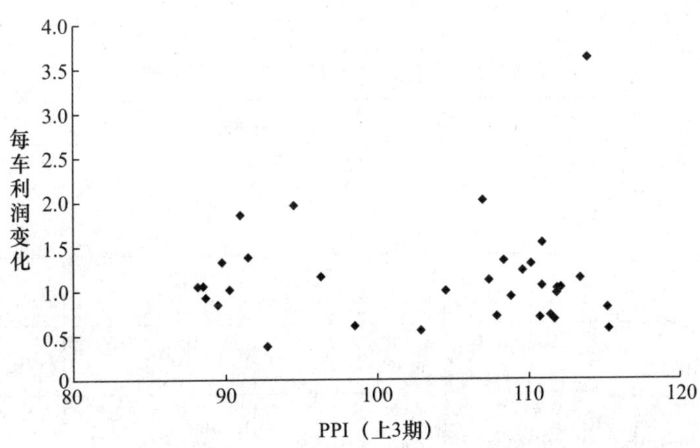

附图 8－11 每车利润与同比 PPI（上 3 期）散点图

注：PPI 数据来自国家统计局网站，指数为与上年同月比。与同比 CPI 匹配，每车利润为与上年同月比值。

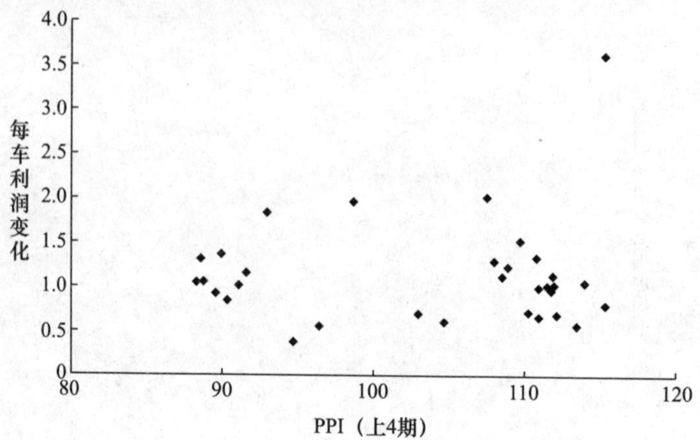

附图 8－12　每车利润与同比 PPI（上 4 期）散点图

注：PPI 数据来自国家统计局网站，指数为与上年同月比。与同比 CPI 匹配，每车利润为与上年同月比值。

附录 9　中国台湾地区摩托车拥有量分析

附表 9－1　摩托车拥有量分析：中国台湾

	ln Motocycle			
	(1)	(2)	(3)	(4)
ln Income			0.91 *** (5.83)	0.68 *** (4.07)
ln GDP		0.66 *** (32.52)		0.60 *** (16.08)
Year	0.03 *** (28.38)		0.02 *** (16.19)	
常数项	−59.12 *** (−26.63)	−4.90 (−18.16) **	−53.97 *** (−27.83)	−13.59 *** (−6.85)
Adj. R^2	0.9710	0.9787	0.9804	0.9799
样本	1994～2011 年度			

注：Motocycle 为每百人机车（即摩托车）数量（辆），数据来自于我国台湾地区“交通部”统计查询网。Income 为平均每户所得收入总计（新台币元），数据来自于台湾地区统计资讯网中的历年家庭收支调查报告。GDP（百万美元）采用 2005 年美元价格计算，数据来自 Feenstra，Robert C.，Robert Inklaar and Marcel P. Timmer. The Next Generation of the Penn World Table. The University of Groningen，2013（www.ggdc.net/pwt）。括号内为检验的 t 值。*、** 和 *** 分别表示 10%、5% 和 1% 的显著性。本结果使用 Stata 进行回归。

参考文献

[1] Abadie A., Gardeazabal J.. The Economic Costs of Conflict: A Case Study of the Basque Country. *The American Economic Review*, 2003, 93 (1): 113 -132.

[2] Akkermans H. A., Bogerd P., Yucesan P. E., Van Wassenhove L.. The Impact of ERP on Supply Chain Management: Exploratory Findings from a European Delphi Study. *European Journal of Operational Research*, 1999 (146): 284 -301.

[3] Autor D. H.. Outsourcing at Will: The Contribution of Unjust Dismissal Doctrine to the Growth of Employment Outsourcing. *Journal of Labor Economics*, 2003, 21 (1): 1 -42.

[4] Autor D. H., Kerr W., Kugler A.. Does Employment Protection Reduce Productivity?. Evidence from US States. *The Economic Journal*, 2007 (117): F189 -F217.

[5] Baumol W. J.. Productivity Growth, Convergence, and Welfare. *American Economic Review*, 1986 (76): 1072 -1085.

[6] Boari C.. Industrial Clusters, Focal Firms, and Economic Dynamism: A Perspective from Italy. *World Bank Institute Working Paper*, 37186, 2001.

[7] Davenport T. H.. Putting the Enterprise into the Enterprise System, *Harvard Business Review*, 1998, 76 (4): 121 -131.

[8] DellaVigna S., Kaplan E.. The Fox News Effect: Media Bias and Voting. *The Quarterly Journal of Economics*, 2007 (122): 1187 -1234.

[9] DeLong J. B.. Productivity Growth, Convergence, and Welfare: Comment. *American Economic Review*, 1988 (78): 1138 -1154.

[10] Audretsch D. B., Feldman M. P.. R&D Spillovers and the Geography of Innovation and Production. *The American Economic Review*, 1996, 86 (3): 630 -640.

[11] Johnson D. S., Parker J. A., Souleles N. S.. Household Expenditure and the Income Tax Rebates of 2001. *American Economic Review*, 2006, 96 (5): 1589 -1610.

[12] Eissa N., Liebman J. B.. Labor Supply Response to the Earned Income Tax

Credit. *The Quarterly Journal of Economics*, 1996, 111 (2): 605 -637.

[13] Giuliani E., Bell M.. The Micro - Determinants of Meso - Level Learning and Innovation: Evidence from a Chilean Wine Cluster. *Research Policy*, 2005, 34 (5): 47 -68.

[14] Ellison G., Glaeser E. L.. Geographic Concentration in U. S. Manufacturing Industries: A Dartboard Approach. *Journal of Political Economy*, 1997, 105 (5): 889 -927.

[15] Hanushek E. A., Wößmann L.. Does Educational Tracking Affect Performance and Inequality? Differences - in - Differences Evidence across Countries. *The Economic Journal*, 2006 (116): C63 - C76.

[16] Hsieh C., Shimizutani S., Hori M.. Did Japan's Shopping Coupon Program Increase Spending? *Journal of Public Economics*, 2010, 94 (7 -8): 523 -529.

[17] Jofre - Monseny J., Marín - López R., Viladecans - Marsal E.. The Mechanisms of Agglomeration: Evidence from the Effect of Inter - industry Relations on the Location of New Firms. *Journal of Urban Economics*, 2011 (70): 61 -74.

[18] Parker J. A., Souleles N. S., Johnson D. S., McClelland R.. Consumer Spending and the Economic Stimulus Payments of 2008. *American Economic Review*, 2013, 103 (6): 2530 -2553.

[19] Krugman P.. Increasing Returns and Economic Geography. *Journal of Political Economy*, 1991, 99 (3): 483 -499.

[20] La Ferrara E., Chong A., Duryea S.. Soap Operas and Fertility: Evidence of Brazil. *American Economic Journal: Applied Economics*, 2012, 4 (4): 1 -31.

[21] Lazerson M. H., Lorenzoni G.. The Firms that Feed Industrial Districts: A Return to the Italian Source. *Oxford Journals*, 1999, 8 (2): 235 -266.

[22] Li H., Yi J., Zhang J.. Estimating the Effect of the One - Child Policy on the Sex Ratio Imbalance in China: Identification Based on the Difference - in - Differences. *Demography*, 2011 (48): 1535 -1557.

[23] Marshall A. Principles of Economics. London: Macmillan and Co., Ltd, 1890.

[24] Nijdam M. H., De Langen P. W.. Leader Firms in the Dutch Maritime Cluster. *ERSA* 2003 *Congress*, 2003.

[25] Puga D.. The Magnitude and Causes of Agglomeration Economies. *Journal of Regional Science*, 2010, 50 (1): 203 -219.

[26] Slaughte M. J.. Trade Liberalization and Per Capita Income Convergence: A

Difference – in – Differences Analysis. *Journal of International Economics*, 2001 (55): 203 – 228.

[27] Rosenthal S. S., Strange W. C.. The Determinants of Agglomeration. *Journal of Urban Economics*, 2001, 50 (2): 191 – 229.

[28] Waldinger F.. Quality Matters: The Expulsion of Professors and the Consequences for PhD Student Outcomes in Nazi Germany. *Journal of Political Economy*, 2010, 118 (4): 787 – 831.

[29] Chyi Y., Lai Y., Liu W.. Knowledge Spillovers and Firm Performance in the High – technology Industrial Cluster. *Research Policy*, 2012, 41 (3): 556 – 564.

[30] 曹宝之，范佳凤．“禁摩”政策对江门摩托车产业的影响分析．科技和产业，2009，9 (1)：5 – 8，25.

[31] 陈文波，曾庆丰，宋培建，黄丽华．基于知识视角的组织信息技术吸收研究．科学学与科学技术管理，2010 (5)：81 – 86.

[32] 贺灿飞．外部集聚经济、外资溢出效应与制造业企业效率．产业经济研究，2005 (3)：8 – 15.

[33] 贾生华，杨菊萍．产业集群演进中龙头企业的带动作用研究综述．产业经济评论，2007 (6)：129 – 136.

[34] 金祥荣，朱希伟．专业化产业区的起源与演化．经济研究，2002 (8)：74 – 81.

[35] 李海闻，杨第．关于“家电下乡”现状与问题的调查分析．中国软科学，2010 (3)：186 – 192.

[36] 李敏，石涛．“家电下乡”产品的消费需求意愿及影响因素分析——基于湖北省农户调查数据．中国农村经济，2011 (9)：68 – 77.

[37] 刘广明，王艳宁．“家电下乡”制度构建的经济学解读——基于国家干预经济的研究路径．财经问题研究，2009 (7)：114 – 119.

[38] 刘虹，甘新玲．我国“家电下乡”补贴政策评析——兼与现金消费券方式比较．上海财经大学学报，2009 (3)：84 – 89.

[39] 刘学强．锁定模型和企业集聚分析．南开管理评论，2003 (1)：68 – 72.

[40] 刘友金，罗发友．基于焦点企业成长的集群演进机理研究——以长沙工程机械集群为例．管理世界，2005 (10)：159 – 161.

[41] 路江涌，陶志刚．我国制造业区域集聚程度决定因素的研究．经济学（季刊），2007，6 (3)：801 – 816.

[42] 罗勇，曹丽莉．中国制造业聚集程度变动趋势实证研究．经济研究，2005 (8)：106 – 115.

[43] 毛基业，王伟．管理信息系统与企业的不接轨及其调试过程研究．管理世界，2012 (8)：147 - 160.

[44] 彭国华．中国地区收入差距、全要素生产率及其收敛分析．经济研究，2005 (9)：19 - 29.

[45] 彭向，蒋传海．技术外溢、策略性选址与产业集聚．财经研究，2009 (10)：92 - 104.

[46] 覃成林，张伟丽．中国区域经济增长俱乐部趋同检验及因素分析．管理世界，2009 (3)：21 - 35.

[47] 饶艳超，陈烨．企业信息化、知识共享与企业绩效．财贸经济，2012 (7)：126 - 132.

[48] 师博，沈坤荣．政府干预、经济集聚与能源效率．管理世界，2013 (10)：6 - 18.

[49] 孙长东．ERP 管理思想及其实施风险分析．管理世界，2002 (8)：143 - 144.

[50] 谭蓉娟，周泳宏．珠三角装备制造业自主创新影响因素实证研究．国际经贸探索，2008 (9)：25 - 28.

[51] 田洪刚．"家电下乡"政策对农村居民的消费效应检验——基于经验数据的实证分析．产经评论，2011 (2)：113 - 119.

[52] 王文娟，李京文．后"家电下乡"时代农村家电消费需求分析．中国工业经济，2011 (4)：44 - 53.

[53] 王子龙，谭清美，许箫迪．产业集聚水平测度的实证研究．中国软科学，2006 (3)：109 - 116.

[54] 王立彦，张继东．ERP 系统实施与公司业绩增长之关系——基于中国上市公司数据的实证分析．管理世界，2007 (3)：116 - 137.

[55] 吴建峰，符育明．经济集聚中马歇尔外部性的识别——基于中国制造业数据的研究．经济学（季刊），2012，11 (2)：675 - 690.

[56] 吴学花，杨蕙馨．中国制造业产业集聚的实证研究．中国工业经济，2004 (10)：36 - 43.

[57] 徐现祥，李郇．中国城市经济增长的趋同分析．经济研究，2004 (5)：40 - 48.

[58] 徐现祥，王贤彬，舒元．地方官员与经济增长——来自中国省长、省委书记交流的证据．经济研究，2007 (9)：18 - 31.

[59] 杨聚平，杨长春，姚宣霞．电商物流中"最后一公里"问题研究．商业经济与管理，2014 (4)：16 - 22，32.

[60] 叶建亮．知识溢出与企业集群．经济科学，2001（3）：23－30.

[61] 曾建光，王立彦，徐海乐．ERP 系统的实施与代理成本——基于中国 ERP 导入期的证据．南开管理研究，2012，15（3）：131－138.

[62] 张杰，张少军，刘志彪．多维技术溢出效应、本土企业创新动力与产业升级的路径选择——基于中国地方产业集群形态的研究．南开经济研究，2007（3）：47－67.

[63] 张锦，陈义友．物流“最后一公里”问题研究综述．中国流通经济，2015（4）：23－32.

[64] 张益丰，孙治宇．高端产业市场性质与集聚形态研究——一个数量分析框架．软科学，2011（7）：56－60.

[65] 张喆，黄沛，张良．中国企业 ERP 实施关键成功因素分析：多案例研究．管理世界，2005（12）：137－143.

[66] 赵泉午，黄志忠，卜祥智．上市 ERP 实施前后绩效变化的实证研究——来自沪市 1993～2003 年的经验数据．管理科学学报，2008（2）：122－132，152.

[67] 郑筱婷，蒋奕，林暾．公共财政补贴特定消费品促进消费了吗？——来自“家电下乡”试点县的证据．经济学（季刊），2012（4）：1323－1344.

[68] 周浩，郑筱婷．交通基础设施质量与经济增长：来自中国铁路提速的证据．世界经济，2012（1）：178－97.

[69] 周泳宏，陈金华．知识异质性、主管职能变迁与企业信息化建设．广东工业大学学报（社会科学版），2009，9（3）：44－48.

[70] 周泳宏，邓卫广．聚集条件下的多企业间外溢效应——基于 DAG 与 Granger 的面板分析．经济学（季刊），2010，9（2）：533－552.

[71] 周泳宏，任彪．定价、“下乡”与销售：来自摩托车行业的实证．产经评论，2015，6（2）：87－95.

[72] 邹建华，韩永辉．引资转型、FDI 质量与区域经济增长——基于珠三角面板数据的实证分析．国际贸易问题，2013（7）：147－157.

[73] 左停，旷宗仁，徐秀丽．从“最后一公里”到“第一公里”——对中国农村技术和信息传播理念的反思．中国农村经济，2009（7）：42－47，58.

后 记

对摩托车行业的关注和数据的搜集持续了好几年的时间，并陆陆续续开展一些研究分析，但一直没有时间进行梳理。得益于在美国阿拉巴马大学的访学，我终于有较多的时间来整理这些不连续的研究，并整合成本书。显然，本书对摩托车行业的研究并不是最深入的和最后的，只能说是一个尝试，希望有更多的学者有兴趣开展更多的定量分析，以增强大家对这个行业的认识。

在本书所进行的研究中，暨南大学经济学院研究生张东彪参与了龙头企业作用分析部分的工作，暨南大学经济学院研究生任彪参与了“摩托车下乡”影响分析部分的工作，在早期的工作中，暨南大学钟启帆、谭裔江、龚金金等同学也在数据处理、文献整理等工作上提供了帮助。在此对以上人员表示衷心的感谢。

广州五羊摩托有限公司的陈金华先生对本研究的开展提供了重要支持。陈金华是我的大学同学，毕业以后一直在摩托车行业工作，具有丰富的行业经验，对行业的发展也具有深入的了解。除了在数据搜集上给予大力支持外，多次的访谈、问卷和交流使我加深了对该行业的认识，提高了对实证分析结果的理解，对完善政策分析起到了很好的参考作用。应该说，本书的许多观点来自陈金华先生的行业经验，在此表示衷心感谢。

还要感谢暨南大学特区港澳经济研究所的陈安平教授。一直以来，陈教授在我本人的学术研究、投稿及出版事宜等各方面均给予了很大的帮助，令我获益良多。

本研究得到了以下基金的资助：国家自然科学基金（71273116、71203077）、广东省自然科学基金（9451009001002715）、中央高校基本科研业务费专项资金资助（暨南跨越计划：12JNKY001；暨南远航计划：12JNYH002；暨南启明星计划：15JNQM001）、广东省哲学社会科学“十二五”规划青年项目（GD11YYJ10）。

由于水平有限，书中不免出现错误和不足之处，敬请读者批评指正。

周泳宏

2015 年 7 月 1 日于美国阿拉巴马大学